AF853053

Radio!

Rainer Suckow

Radio!

Geschichten aus 100 Jahren Rundfunk

BeBra Verlag

Bibliografische Information der Deutschen Nationalbibliothek
Die Deutsche Nationalbibliothek verzeichnet diese Publikation in der Deutschen Nationalbibliografie; detaillierte bibliografische Daten sind im Internet über http://dnb.d-nb.de abrufbar.

Alle Rechte vorbehalten.
Dieses Werk, einschließlich aller seiner Teile, ist urheberrechtlich geschützt. Jede Verwertung außerhalb der engen Grenzen des Urheberrechtsgesetzes ist ohne Zustimmung des Verlages unzulässig und strafbar. Das gilt insbesondere für Vervielfältigungen, Übersetzungen, Mikroverfilmungen, Verfilmungen und die Einspeicherung und Verarbeitung auf DVDs, CD-ROMs, CDs, Videos, in weiteren elektronischen Systemen sowie für Internet-Plattformen.

© 2023 BeBra Verlag GmbH
Asternplatz 3, 12203 Berlin
post@bebraverlag.de
Lektorat: Matthias Zimmermann, Berlin
Umschlag: typegerecht berlin (Foto: André Saupe)
Illustrationen: Helga Suckow, Neubrandenburg/
S. 30: Empfangsbestätigung eines Sonntagskonzertes, Archiv Sender- und Funktechnikmuseum Königs Wusterhausen, Sammlung Erich Schwarzkopf
Gestaltung: Uwe Friedrich, Berlin
Schriften: Dokumenta 10,5/14,5 pt
Druck und Bindung: GGP Media GmbH, Pößneck
ISBN 978-3-89809-230-2

MIX
Papier | Fördert gute Waldnutzung
FSC® C014496

www.bebraverlag.de

Inhalt

Vorwort

Wissen Sie noch, wie Ihr erstes Radio aussah? Kennen Sie ein »Magisches Auge«, das Geräusch beim Drücken der Stationstaste, die Bewegung des Zeigers über die Radioskala? All diese Erinnerungen sollten Sie gut bewahren, denn in Zeiten von Internetradio und Bluetooth Box, von Podcast und Streaming wird es zunehmend schwerer, diese Erfahrungen noch zu machen.

Radio hören, dem Radio zuhören. Der Begriff bezieht sich auf das Gerät, dass es zur Nutzung braucht. Doch wie lange wird es diesen Begriff noch geben, wenn der Gegenstand der Handlung entfällt?

Mein erstes Radio war selbst gebastelt und passte in einen Schuhkarton. Einen Sender konnte ich damit empfangen. Später wurden die Empfänger kleiner und professioneller, die empfangenen Stationen zahlreicher. Mein Interesse galt dabei vorrangig der Technik des Empfangs.

30 Jahre später war es mir vergönnt die Seiten zu wechseln, vom Radiobastler zum Radiomacher. Auf dem Funkerberg in Königs Wusterhausen begann ich, über die Technik des Radios und seine Entwicklung zu erzählen. Ich wurde gefangen von der Faszination, dem unsichtbaren Hörer Geschichten zu erzählen. Ein immer wieder magischer Moment. Und vom Erzählen ist es nicht weit bis zum Geschichtenschreiben.

Dieses Buch feiert das Radio und es feiert mit dem Radio. Es wirft einen Blick hinter die Kulissen des Rundfunks und seiner Entwicklung, um Erinnerungen zu wecken und auch, um sie für spätere Generationen zu erhalten.

100 Jahre ist der offizielle Rundfunk in Deutschland alt. 100 Jahre. Ein Zeitraum, den nur die wenigsten Menschen bewusst überblicken können. Ein Zeitraum, der eine ganz besondere Ausstrahlung, fast schon eine eigene Aura besitzt. Regelmäßig werden Hundertjährige gefeiert, und mit diesem Buch feiern wir 100 Jahre Radio.

Die ersten Hundertjährigen der Rundfunkgeschichte sind schon vergangen und erlangten unterschiedlich große Aufmerksamkeit. Die Jubiläen der Experimente von Hertz, Marconi, Popow, Slaby oder Nußbaumer, die Erkenntnisse von Poulsen und von Nepel oder die Sendeversuche von Bredow, Meissner und von Lepel sind allenfalls noch einem Fachpublikum bekannt.

Eine breite Öffentlichkeit hingegen erfuhr ein Ereignis im Jahr 2020, an dem Königs Wusterhausen als Wiege des Rundfunks sein Jubiläum feierte. Am 22. Dezember 1920 wurde aus dem Senderhaus 1 ein Weihnachtskonzert gesendet. Diese erste Radiosendung aus Deutschland erregte im In- und Ausland Aufmerksamkeit. Und auch das Jubiläum 100 Jahre später fand seine Würdigung.

Und nun also 100 Jahre Radio. Am 29. Oktober 1923 wurde aus dem Berliner VOX Haus die erste, offizielle Rundfunksendung in Deutschland ausgestrahlt. Erster offizieller Radiohörer wurde einige Tage später der Berliner Zigarrenhändler Wilhelm Kollhoff. Dieses Ereignis sorgte 1923 für Aufmerksamkeit und entgeht 100 Jahre später hierzulande kaum jemandem. Radiosendungen und Zeitungsartikel, Filme und Bücher widmen sich diesem Jubiläum, zahllose Postings in den sozialen Netzwerken entstehen.

Und der Rundfunk wird weiter Hundertjährige feiern. Am 2. März 1924 strahlte die Mitteldeutsche Rundfunk AG die erste Sendung von der Messe Leipzig aus. Die Deutsche Stunde in Bayern sendete am 30. März 1924 erstmalig aus München, einen Tag später konnten Hörer zum ersten Mal den Südwestdeutschen Rundfunk aus Frankfurt empfangen. In Hamburg wurde am 2. Mai 1924 die erste Sendung der Nordischen Rundfunk AG verbreitet und am 11. Mai folgte die Süddeutsche Rundfunk AG aus Stuttgart. Den Abschluss bildete im September 1924 die Westdeutsche Funkstunde AG, die im Juli 1924 mit ersten Sendungen aus Münster begonnen hatte.

In diesem Buch sind zahlreiche Rundfunkereignisse geschildert, die 100 Jahre alt geworden sind oder es noch werden. Einige sind allgemein bekannt, andere überraschen, verblüffen oder klingen einfach seltsam. Allen Geschichten gemeinsam ist, dass sie den Rundfunk, die Radiomacher und die Radiohörer würdigen. Denn das Radio kann sich mit gutem Recht feiern. Es ist das älteste Echtzeit-Nachrichtenmedium der Welt und begeistert bis heute tägliche Millionen Hörer.

Wie lange das so bleibt? In 100 Jahren werden wir es wissen.

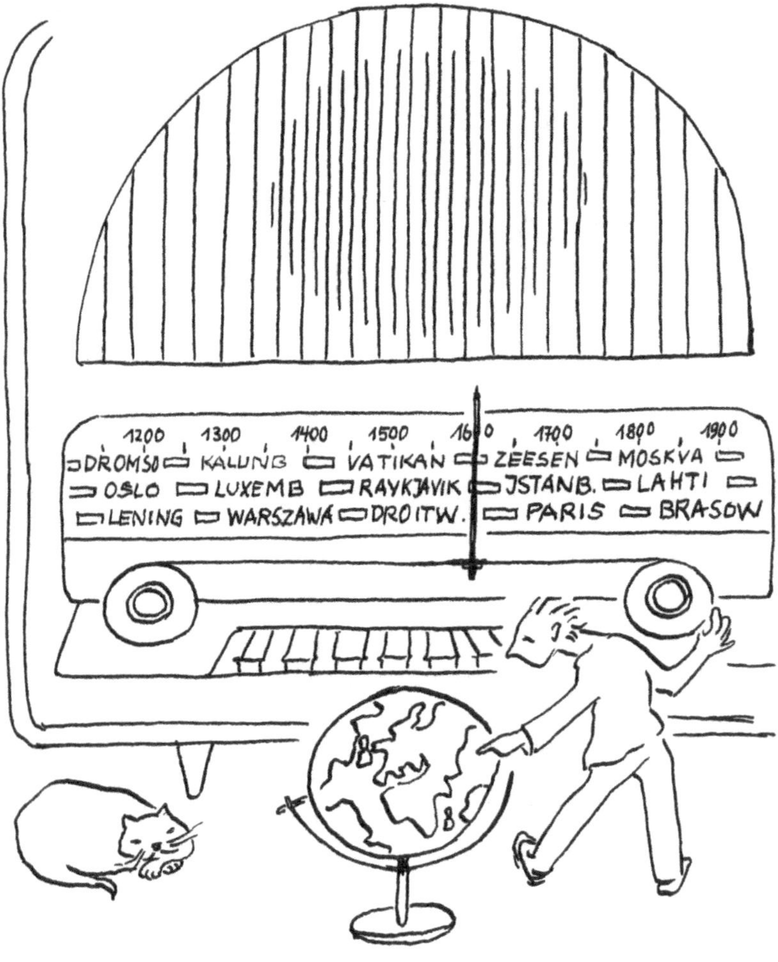
1200
1300
1400
1500
1700
1800
1900
DROMSO
KALUNB
VATIKAN
ZEESEN
MOSKVA
OSLO
LUXEMB
RAYKJAVIK
JSTANB.
LAHTI
LENING
WARSZAWA
DROITW.
PARIS
BRASOW

Paris, London, Tokio, Vatikan. Zeesen

Im Januar 1925 veröffentliche die Firma Radiofrequenz GmbH aus Berlin-Friedenau eine Anzeige. Beworben wurde darin der Röhrenempfänger E.A.991, ausgestattet mit der ersten geeichten Stationsanzeige der Welt. Eine Revolution im Rundfunkempfang.

Um die Tragweite dieser Neuerung zu verstehen, hilft ein Blick einige Jahre zurück. Zur Wiedergabe eines gewünschten Radiosenders muss der Empfänger auf die Frequenz des Senders eingestellt werden. In den ersten Rundfunkjahren wurden dazu einfache Drehknöpfe genutzt, um die zur optischen Orientierung Einheitenleisten angebracht waren. Einen Bezug zur empfangenen Frequenz besaßen diese nicht.

Die Berliner Techniker der Radiofrequenz GmbH hatten nun eine einfach geniale Idee. Am Abstimmknopf wurde ein kleiner Pfeil angebracht und um den Drehknopf herum eine flache Scheibe befestigt. Auf dieser waren, passend zur jeweiligen Position des Drehknopfes, die Ortsbezeichnungen von 18 Sendestationen verzeichnet. So konnte mit dem Abstimmknopf gezielt der Empfang einer bestimmten Station ausgewählt werden – die Radioskala war erfunden.

So rasant wie die Technik der Radiogeräte entwickelte sich in den kommenden Jahren auch die der Radioskala. Den ersten einfachen Rundskalen um den Drehknopf folgten solche mit einem sich drehenden Zeiger. Die Radioskala erhielt eine Beleuchtung, die Stationsnamen wurden tabellenartig angeordnet und für verschiedene Frequenzbereiche wurden mehrere Skalen nebeneinander gedruckt. Die Anzahl der Rundfunkstationen nahm stark zu und der Platz auf den Skalen der Radios war knapp. Das führte zur Erfindung der breiten Skalenscheibe. Hierbei handelt es sich um eine Glas- oder Kunststoffscheibe, auf die Angaben zu Frequenz und Stationen gedruckt wurden. Mit Hilfe eines Skalenseils wurde ein Zeiger an der Skala entlanggeführt, der auf den ausgewählten Sender zeigte. Über 100 Sender konnten auf diese Art dargestellt werden. Zur besseren Lesbarkeit wurde die Scheibe von hinten beleuchtet.

Und die Entwicklung schien keine Grenzen zu kennen. Skalen in Form einer Weltkarte, auf der die gewählte Sendestation als Leuchtpunkt geographisch korrekt angezeigt wurde. Motorgetriebene, aus- und einklappbare Skalenanzeigen, die über die gesamte Breite des Empfängers reichten. Im Inneren des Empfängers montierte Stationslisten, die über ausklappbare Spiegel abgelesen wurden. Projektionsskalen, welche die gewählte Station in einem Leuchtfenster anzeigten.

Radioskalen strahlten immer auch Magie aus. Für viele Menschen waren die darauf bezeichneten Orte unerreichbar. Beim Empfang der in der Ferne ausgestrahlten Programme konnte man etwas über diese Orte erfahren und kam ihnen dadurch näher.

Mit der Einführung des UKW-Rundfunks verschwanden die Ortsbezeichnungen von den Rundfunkempfängern, auf den Skalen waren nun die Frequenzen verzeichnet. Und mit der Digitalisierung gibt es auch diese nicht mehr – moderne Radios stellen eine Stationsbezeichnung, einen Sendernamen dar. Von wo der Sender abgestrahlt wird, interessiert kaum noch jemanden.

Und warum nun diese Überschrift? Die Nutzung der Senderstandorte zur Beschriftung der Skalen von Rundfunkempfängern war über viele Jahrzehnte hinweg Standard. So kommt es, dass auf historischen Radioskalen neben Paris, London, Tokio oder Vatikan auch das damalige Dorf Zeesen steht. Zeesen. Im Radio (einst) eine Weltstadt.

Die Rettung kommt per Funk

Am frühen Morgen des 23. Januar 1909 herrschte an der amerikanischen Ostküste vor Nantucket dichter Nebel. Der britische Luxusdampfer »RMS Republic« fuhr, angetrieben von mächtigen Dampfmaschinen, auch ohne Sicht fast volle Fahrt. Die Besatzung war in Alarmbereitschaft, der Kapitän ließ regelmäßig das Nebelhorn ertönen. Auch das italienische Passagierschiff »Florida« nutzte das akustische Signal. Dennoch war es zu spät, als die beiden Schiffe einander bemerkten. Die Kollision war nicht zu verhindern und die »Florida« rammte die viel größere »Republic« fast im rechten Winkel. Der Rumpf der »Republic« wurde aufgerissen, die Maschinenräume liefen innerhalb weniger Minuten voll. Das Schiff wurde manövrierunfähig, die Stromversorgung fiel aus.

Als modernes Luxusschiff hatte die »RMS Republic« eine Funkstation an Bord – eine solch teure Ausrüstung konnten sich nur reiche Reedereien wie die White Star Line leisten. Der junge Schiffsfunker Jack Binns versuchte sofort, die Anlage in Betrieb zu nehmen. In einem überfluteten Lagerraum fand er Batterien und bereits kurze Zeit später konnte er den ersten Hilferuf absetzen: CQD. Dieser Augenblick ist historisch, war es doch das erste Mal, dass nach einem Schiffsunglück per Funk Hilfe herbeigerufen wurde.

Die verwendete Zeichenfolge CQD war 1904 von Guglielmo Marconi als Seenotsignal eingeführt worden. Die drei

Buchstaben können inhaltlich mit »Come Quickly: Distress«, »Kommt Schnell: Notfall« übersetzt werden. Das heute noch gültige »SOS« war zwar bereits international beschlossen, setzte sich jedoch nur langsam durch und durfte anfänglich auf Anweisung von Marconi auf Funkanlagen der Marconi Company nicht verwendet werden.

Jack Binns hielt nach dem Unglück ständig Funkkontakt mit den zur Hilfe eilenden Schiffen. Im dichten Nebel diente das Morsesignal den Rettungsmannschaften auch zur Orientierung. Es dauerte 13 Stunden, bis die »Republic« gefunden wurde.

An Bord der »RMS Republic« befanden sich 250 Passagiere der ersten Klasse, 210 Passagiere der dritten Klasse sowie 281 Besatzungsmitglieder. Auf der »Florida« waren neben der Besatzung über 800 Auswanderer, die das Erdbeben von Messina überlebt hatten und nun ihr Glück in Amerika suchen wollten. Sechs Passagiere und Besatzungsmitglieder kamen infolge des Aufpralls ums Leben. Alle anderen konnten gerettet werden.

Jack Binns ging als »Wireless Hero« in die Geschichte ein. Die »New York Times« hatte den Funkverkehr zwischen den Schiffen verfolgt und widmete ihm einen eigenen Artikel. Er wurde im »Jack Binns Song« besungen, vom Bürgermeister New Yorks eingeladen und in Galaempfängen gewürdigt. Zeit seines Lebens betonte er, in diesen Stunden nur seine Pflicht getan zu haben.

Bis heute wird Jack Binns als Held gefeiert. Er hatte durch sein Handeln einen wichtigen Beitrag dazu geleistet, dass Funkeinrichtungen zur Pflichtausstattung auf Schiffen wurden. Welche Bedeutung eine funktionierende Kommunikation in der Schifffahrt hat, zeigte das Unglück der »Titanic« wenige Jahre später.

Ein Haus für den Rundfunk

Funk-Stunde Berlin und Deutsche Welle, Deutschlandsender und Berliner Rundfunk, Sender Freies Berlin und Rundfunk Berlin Brandenburg – sie alle sind historisch an diesem Ort vereint: im Haus des Rundfunks in Berlin.

In unmittelbarer Nachbarschaft zum Funkturm Berlin gelegen, wurde dieses imposante Bauwerk am 22. Januar 1931 eingeweiht. Und der Berliner Architekt Hans Poelzig hatte es vorausschauend und für seine Bestimmung perfekt entworfen. Von oben sieht das Haus des Rundfunks wie ein Dreieck aus, das an den kurzen Seiten leicht gebogen ist. In dem an der Stirnseite 150 Meter langen Bau sind zahlreiche flexibel nutzbare Büro- und Redaktionsräume untergebracht. Durch die äußeren Gebäudeteile von Straßen- und Umgebungslärm geschützt, liegt im Inneren praktisch ein zweites Gebäude. Auf einem eigenen Fundament gegründet, befinden sich hier der kleine und der große Sendesaal sowie ein Hörspielbereich. Der große Sendesaal gilt mit seiner beeindruckenden Akustik als Herzstück des Hauses. Er hat Platz für über 1.000 Besucher und ist bis heute Ort musikalischer Aufnahmen auch für den Rundfunk. Der kleine Sendesaal bietet der Rundfunkproduktion Einmaliges: Durch bewegliche Wandelemente kann die Klangcharakteristik des Raumes verändert werden.

In den ersten Jahren nach seiner Eröffnung wurde das Haus des Rundfunks durch die Funk-Stunde AG und die Deutsche

Welle genutzt. Mit der Machtübernahme der Nationalsozialisten wurde es zur Zentrale des gleichgeschalteten Großdeutschen Rundfunks.

Am Ende des Zweiten Weltkrieges wurde das von Kriegsschäden verschonte Haus des Rundfunks von der Roten Armee besetzt und bereits am 13. Mai 1945 begann unter sowjetischer Leitung wieder der Sendebetrieb. Das wurde bald zu einem politischen Problem, denn das Haus lag im britisch kontrollierten Sektor. So wurde es 1950 still im Haus des Rundfunks. Die technischen Einrichtungen waren heimlich aus der Masurenallee in das ostdeutsche Funkhaus in der Nalepastraße verbracht worden. Das Haus des Rundfunks verwaiste.

Es sollte sechs Jahre dauern, ehe das Haus des Rundfunks an den Berliner Senat übergeben werden konnte. Nach einer umfangreichen Renovierung begann hier Ende 1957 die Rundfunkproduktion des Senders Freies Berlin.

Und in diesem Neuanfang lag auch eine Chance. Mit der notwendig gewordenen neuen technischen Ausstattung entstand hier einer der modernsten Rundfunkstandorte der damaligen Zeit und der SFB wurde Vorreiter für die Stereofonie im Radio.

Bis heute wird im Haus des Rundfunks Rundfunk produziert. Der Rundfunk Berlin Brandenburg (rbb) nutzt diesen historischen Ort für die Produktion einiger Radiosender. Im großen Sendesaal finden regelmäßig Konzerte statt und so manches Hörspiel erhält hier seine akustische Begleitung.

Das Haus des Rundfunks ist ein Ort voller Geschichte und Geschichten, ein Besuch ist immer zu empfehlen. Und bei dieser Gelegenheit sollten Sie nicht versäumen, einmal Paternoster zu fahren …

Ein Programm für das ganze Land

Bereits in den frühen 1920er Jahren gab es die Idee eines Rundfunksenders für ganz Deutschland. Der 1926 in Königs Wusterhausen in Betrieb genommene Deutschlandsender war die erste Umsetzung dieser Idee. Doch sein sprödes, durch hochwertige Bildung und Information geprägtes Programm war bei den Hörern nicht wirklich beliebt.

Am 1. Januar 1962 ging mit dem Deutschlandfunk wieder ein Sender für ganz Deutschland in Betrieb. Als gemeinschaftliches Rundfunkprogramm der ARD organisiert, war es die Reaktion auf die Wiederinbetriebnahme des Deutschlandsenders durch die DDR. Der erste gesendete Programminhalt des Deutschlandfunks waren Nachrichten, und das war Absicht. Deutschland war mittlerweile durch eine Mauer geteilt. Elektromagnetische Wellen aber halten sich nicht an Mauern und Grenzen. Der Auftrag des Deutschlandfunks bestand darin, ein Informationsprogramm insbesondere für die Deutschen im Osten zu sein. Und als das Programm 1964 rund um die Uhr gesendet werden konnte, war der Deutschlandfunk der erste deutsche Radiosender mit stündlichen Nachrichten.

Das Programm der ersten Sendejahre war ein Abbild des Kalten Krieges. Auf der einen Seite diente der Deutschlandfunk vielen Bürgern der DDR als zuverlässige Informationsquelle. Als im August 1968 russische Panzer den Prager Frühling beendeten, war es der Deutschlandfunk, der berichtete, was die offizielle DDR-Politik lieber verschwiegen hätte. Für die politische Führung der DDR war der Deutschlandfunk andererseits eine willkommene Zielscheibe medialer Angriffe und diente zur Bestätigung der eigenen Politik.

Anfang der 1970er Jahre änderte sich mit dem Abschluss der Ostverträge das politische Klima zwischen den beiden deutschen Staaten deutlich. Die harte Rhetorik gegen die DDR stand nun auch im Deutschlandfunk zunehmend in der Kritik. Das Programm begann sich inhaltlich zu öffnen und gewann so auch im eigenen Land an Bedeutung. Wer etwas zu sagen hatte, der wollte in dieses Programm. Mit einem live gesendeten Morgeninterview schuf der Deutschlandfunk dafür eine völlig neue Plattform. Und auch wenn die morgendliche Stunde bei einigen Gesprächspartnern nicht sonderlich beliebt war – Herbert Wehner und Hans-Diedrich Genscher haben sie genauso genutzt wie Johannes Rau, Norbert Blüm oder Joschka Fischer.

Mit dem Ende der DDR verlor auch der Deutschlandfunk seine Berechtigung und wurde am 1. Januar 1994 Teil einer einmaligen Rundfunkvereinigung. Der Deutschlandfunk der Bundesrepublik, der RIAS 1 mit amerikanischen Wurzeln und der ostdeutsche Deutschlandsender Kultur wurden unter dem Dach des Deutschlandradios zusammengefasst. Damit entstand die einzige nationale, öffentlich-rechtliche Hörfunkeinrichtung in der deutschen Medienlandschaft. Seit einer Programmreform im Jahr 2017 sind deren Programme als Deutschlandfunk, Deutschlandfunk Kultur und Deutschlandfunk Nova bundesweit zu empfangen.

Die Programme des Deutschlandradios haben heute täglich etwa drei Millionen Zuhörer. Die Sendungen haben Fans in der gesamten Bundesrepublik und weit darüber hinaus – ganz anders als der erste Sender für Deutschland.

Über den Entwicklungspfad Deutschlandsender (1926), Deutschlandsender (1949), Stimme der DDR (1971) und Deutschlandsender Kultur (1990) ist der heutige Deutschlandfunk Kultur das einzige Rundfunkprogramm, dessen Wurzeln bis an die Wiege des Rundfunks reichen.

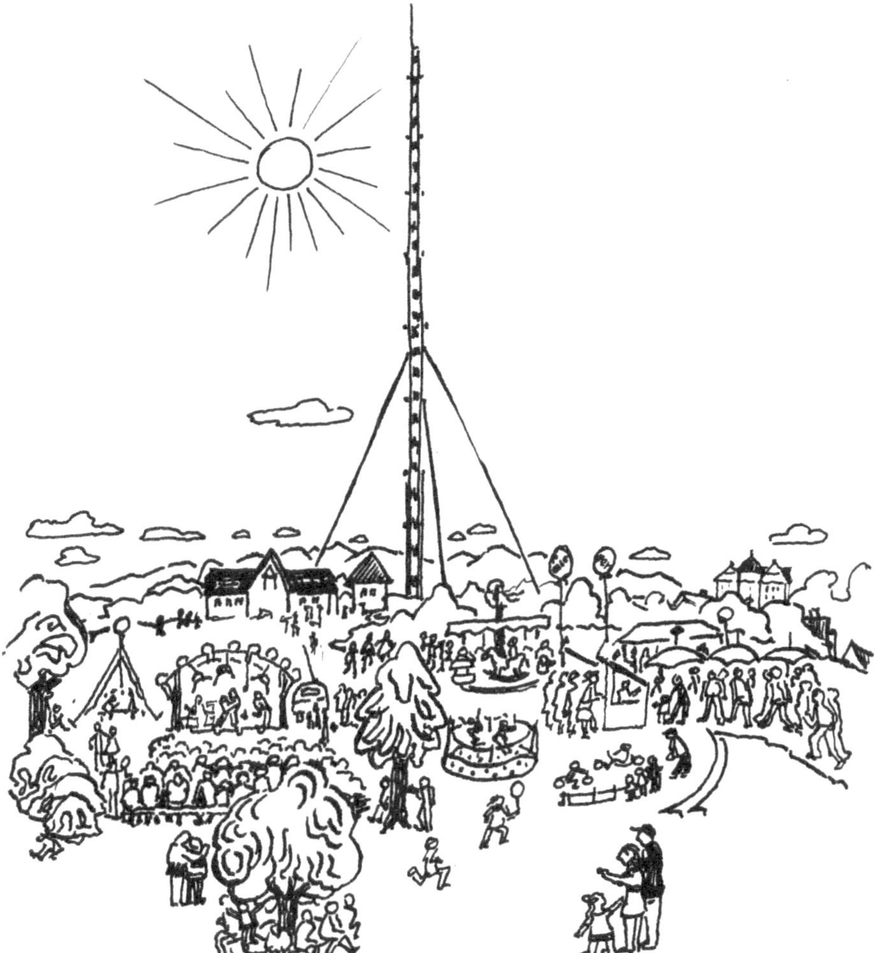

Von Sender 37 und Mast 17

Der 210 Meter hohe Sendemast auf dem Funkerberg in Königs Wusterhausen ist der älteste Antennenträger Deutschlands. Dass es ihn heute noch gibt, ist vielen glücklichen Umständen zu verdanken. Einer davon ereignete sich im Februar 1946.

Nach dem Ende des Zweiten Weltkrieges hatte auch in der Sowjetischen Besatzungszone der Wiederaufbau einer flächendeckenden Rundfunkversorgung hohe Priorität. Der Standort Königs Wusterhausen sollte dabei eine wichtige Rolle spielen.

Bereits 1945 waren die modernen, leistungsstarken Kurzwellensender aus Zeesen sowie die mittlerweile veralteten Sender aus den Senderhäusern 2 und 3 als Reparationsleistungen abgebaut worden. Die Anlagen im Senderhaus 1 waren für den Telegraphieverkehr ausgelegt. Somit standen auf dem Funkerberg nach dem Ende des Krieges keine geeigneten Rundfunksender mehr zur Verfügung.

Mit Befehl Nr. 819 der Sowjetischen Militäradministration in Deutschland (SMAD) wurde der Aufbau eines 100.000-Watt-Langwellensenders im Senderhaus 3 angeordnet. Am 27. Februar 1946 ging der Auftrag an die in Westberlin ansässige Telefunken AG.

Der Aufbau eines leistungsstarken Langwellensenders stellte, so kurz nach dem Krieg, vor allem eine Herausforderung in der Materialbeschaffung dar. Mit Hilfe von Beständen der Postverwaltung und der Firma Lorenz in Leipzig konnte der Sender innerhalb von sechs Monaten fertiggestellt werden. Am 20. August 1946 wurde die Anlage als Sender 37 mit dem Programm des Deutschlandsenders in Betrieb genommen.

Über 20 Jahre lang war der Telefunken-Sender im Senderhaus 3 im Betrieb. Er wurde ständig gewartet und gepflegt. Die Ersatzteilbeschaffung allerdings stellte zunehmend ein Problem dar, und der Weiterbetrieb schien dauerhaft nicht mehr möglich. Ein starker Langwellensender wurde jedoch benötigt und so beschloss man im April 1968 den Umbau des Senders 37.

Von September 1969 bis August 1970 wurde der Sender 37 von Technikern der Sendestelle Königs Wusterhausen umfangreich rekonstruiert. Alle Bestandteile des Senders wie die Regel- und Verstärkerstufen des Audiosignals, die Vor- und Leistungsstufen der Hochfrequenz, die Stromversorgung und die Kühlung wurden auf den neuesten technischen Stand gebracht. Das führte dazu, dass Sender 37 auch in den kommenden Jahrzehnten in Betrieb bleiben konnte.

In den letzten Betriebsjahren wurde der Sender 37 auf der Betriebsfrequenz 177 Kilohertz als Ersatzsender für Langwellensender in Zehlendorf (bei Oranienburg) genutzt. Seinen letzten Einsatz hatte er während der Umbauarbeiten des Senders Donebach im Jahr 1995. Dazu wurde er auf die Frequenz 153 Kilohertz umgestimmt und übernahm für einige Monate die Verbreitung des Deutschlandfunks. Heute steht der Sender als eindrucksvolles Beispiel der Sendetechnik unter Denkmalschutz und wird einige Male im Jahr für die Öffentlichkeit zugänglich gemacht.

Und in welchem Zusammenhang steht der Langwellensender mit Mast 17?

Sender benötigen Antennen. Die Antenne des Senders 37 war eine Schrägdrahtantenne, deren oberen Haltepunkt die Spitze von Mast 17 bildete. Solange Sender 37 in Betrieb war, wurde auch Mast 17 als Antennenträger benötigt.

Und so hat eine Entscheidung im Februar 1946 dazu geführt, dass der 210 Meter hohe Sendemast auch heute noch das Wahrzeichen der Rundfunkstadt Königs Wusterhausen ist.

Regelungen für den Rundfunk

In den Vereinigten Staaten von Amerika werden Regelungen durch den Staat nach dem sogenannten Nachsorgeprinzip getroffen, während in Europa oftmals das Vorsorgeprinzip angewendet wird. An der Entwicklung des Rundfunks sind die Unterschiede dieser Vorgehen sehr gut zu erkennen.

In den Anfangsjahren des Rundfunks gab es in den USA nur wenige Einschränkungen bei der Nutzung der elektromagnetischen Welle. Mit ausreichend finanziellen Mitteln konnte nahezu jeder eine Sendelizenz erhalten und eigene Programme verbreiten.

Der 1906 auf der internationalen Funkkonferenz in Berlin vereinbarte internationale Funkvertrag fand im amerikanischen Senat keine Mehrheit. Die erste Regelung in den USA war der Wireless Ship Act aus dem Jahr 1910. In diesem stand, dass Passagierschiffe einer bestimmten Größe mit Funkstationen ausgestattet sein mussten. Für diese Stationen und ihren Betrieb war ein Zertifikat vorgeschrieben.

Die Übertragung von Sprache und Musik blieb jedoch weiter unreguliert. Die technische Entwicklung führte in den 1920er Jahren dazu, dass die Zahl der Rundfunksender rapide zunahm. Schon 1922 gab es in den USA über 500 Radiostationen und die Frequenzen wurden knapp. Um nun regulierend eingreifen zu können, unterzeichnete der damalige Präsident der USA, Calvin Coolidge, am 3. Februar 1927 den Radio Act of 1927. Auf dieser Grundlage wurde am

23. Februar 1927 die Federal Radio Commission gegründet. Diese bestand aus fünf Mitgliedern, von denen jedes für einen geographischen Bereich der Vereinigten Staaten verantwortlich war. Die Mitglieder der Kommission hatten das Recht, Frequenzen für Rundfunksender zu erteilen, Sendeleistungen festzulegen und allgemeine Rahmenbedingungen für den Sendebetrieb zu beschreiben. Einfluss auf den Inhalt der Rundfunksendungen, mögliche Werbeinhalte oder die Programmgestaltung hatte die Kommission nicht. Lediglich für den politischen Wahlkampf gab es klare Regelungen, die allen Kandidaten die gleichen Rechte einräumten.

In Europa stellte sich zu diesem Zeitpunkt die Radiolandschaft sehr unterschiedlich dar. Während in Österreich und Italien privater Rundfunk verboten war, gab es in Frankreich bereits ein Dutzend privater Rundfunksender. In England hatte die private BBC mit der einzigen Sendelizenz des Landes ein Rundfunkmonopol und in Polen betrieb eine private Gesellschaft gleich mehrere Sender.

In Deutschland war mit Beschluss der Reichsregierung ab 1919 die Nutzung der elektromagnetischen Welle dem Staat vorbehalten. Mit der Verbreitung des telegraphischen Presserundfunks gab es einen offiziellen Informationsdienst. Die erste Rundfunksendung aus Königs Wusterhausen am 22. Dezember 1920 kann so durchaus dem Schwarzfunk zugeordnet werden.

Im Jahr 1922 schlug die Reichsregierung vor, den Rundfunk auf der einen Seite staatlich zu kontrollieren, aber auf der anderen Seite privatwirtschaftlich zu betreiben. Es wurden neun Sendebezirke gebildet, in denen sich Rundfunkgesellschaften gründeten. Die »Funk-Stunde AG« aus Berlin sendete im Oktober 1923 die erste offizielle Radiosendung in Deutschland. Mit der Rundfunkverordnung wurde 1925 die

Gründung der Reichs-Rundfunk-Gesellschaft beschlossen, welche die technischen Aspekte des Rundfunks verantwortete. Weiterhin wurden kulturelle Beiräte und Rundfunkausschüsse mit der Aufsicht über den Inhalt beauftragt. Damit war der Rundfunk in Deutschland in einer föderalen Struktur und umfänglich geregelt.

In über 100 Jahren Radiogeschichte hat sich die Regulierung des Rundfunks immer wieder verändert. Privater Rundfunk wurde zugelassen oder eingeschränkt, staatlicher Rundfunk gefördert oder abgeschafft. Eines aber ist allen Entwicklungen gleich – egal ob in Amerika, in Europa oder irgendwo anders auf der Welt: Das Radio ist ein Medium, das sich seine Freiheit sucht.

Entdeckungen für zwei Jahrhunderte

Im Jahr 1876 erschien in Leipzig das Buch »Der junge Mathematiker und Naturforscher. Geheimnisse der Zahl und Wunder der Rechenkunst«. Es ist das einzige Buch eines Wissenschaftlers, dessen Entdeckungen ganze Bücher füllen und dessen Wirken bis heute unser Leben beeinflusst: Ferdinand Braun.

Karl Ferdinand Braun wurde 1850 als sechstes von sieben Kindern in Fulda geboren. Er studierte Mathematik und Naturwissenschaften in Marburg und Berlin, promovierte mit dem Thema »Saitenschwingungen« zum Doktor der Physik und begann 1874, am Thomasgymnasium in Leipzig Mathematik und Naturwissenschaften zu unterrichten. Bis heute wird Ferdinand Braun vor allem mit einer Erfindung in Verbindung gebracht: der Braunschen Röhre.

Am 15. Februar 1897 veröffentlichte Ferdinand Braun die Ergebnisse seiner Forschungen mit Kathodenstrahlröhren. Dabei war es ihm gelungen, einen Elektronenstrahl in einer Vakuumröhre magnetisch abzulenken und so den Verlauf eines Stromflusses optisch sichtbar zu machen. Auf Basis dieser Versuche entstand drei Jahrzehnte später die Bildröhre – und mit ihr eine völlig neue Medienform: das Fernsehen. Weltweit ein Erfolgsmodell.

Zu den Erfindungen von Ferdinand Braun zählen aber viele mehr als die Bildröhre. Im Jahr 1900 gelang es ihm, durch die Trennung von Sender- und Antennenschwingkreis im Knallfunkensender die Leistungsfähigkeit maßgeblich zu steigern. Mithilfe einer Rahmenantenne realisierte er 1903 erstmalig das gerichtete Absenden von elektromagnetischen Wellen. Und auch die Erfindung des Zeigerpyrometers wird Ferdinand Braun zugeschrieben. Im Jahr 1909 wurde Ferdinand Braun – zusammen mit Guglielmo Marconi – der Nobelpreis für Physik verliehen.

Eine Entdeckung von Braun ist jedoch auch im Internetzeitalter allgegenwärtig. Bereits 1874 hatte er bei Untersuchungen zur Leitfähigkeit von Sulfidkristallen einen Gleichrichtereffekt beobachtet. Die Erkenntnisse dieser Versuche ließ er 1906 in die Entwicklung des Detektorempfängers einfließen. Nun war es mit einfachen Mitteln möglich, elektromagnetisch übertragene Informationen zu empfangen und hörbar zu machen.

Und die Entdeckung von 1874 führte noch ein weiteres Mal zu einer bahnbrechenden Entwicklung. Was Ferdinand Braun entdeckt hatte, war das Prinzip einer Halbleiterdiode, auf deren Grundlage die heutige moderne Elektronik beruht. In jedem Computer, jedem Display und in jedem Chip stecken Transistoren aus Halbleitern und damit seine Entdeckung.

Ferdinand Braun war ein Anhänger verständlicher Erklärungen und anschaulicher Experimente. 125 Jahre nach dem erstmaligen Erscheinen wurde sein Buch erneut aufgelegt. Das darin beschriebene Bild der bürgerlichen Familie wirkt wahrlich wie aus einer anderen Zeit. Die enthaltenen Knobeleien und Denkexperimente aber sind auch heute noch spannend und haben vor allem ein Ziel: zum Denken anzuregen. Und das passt doch ganz hervorragend ins 21. Jahrhundert.

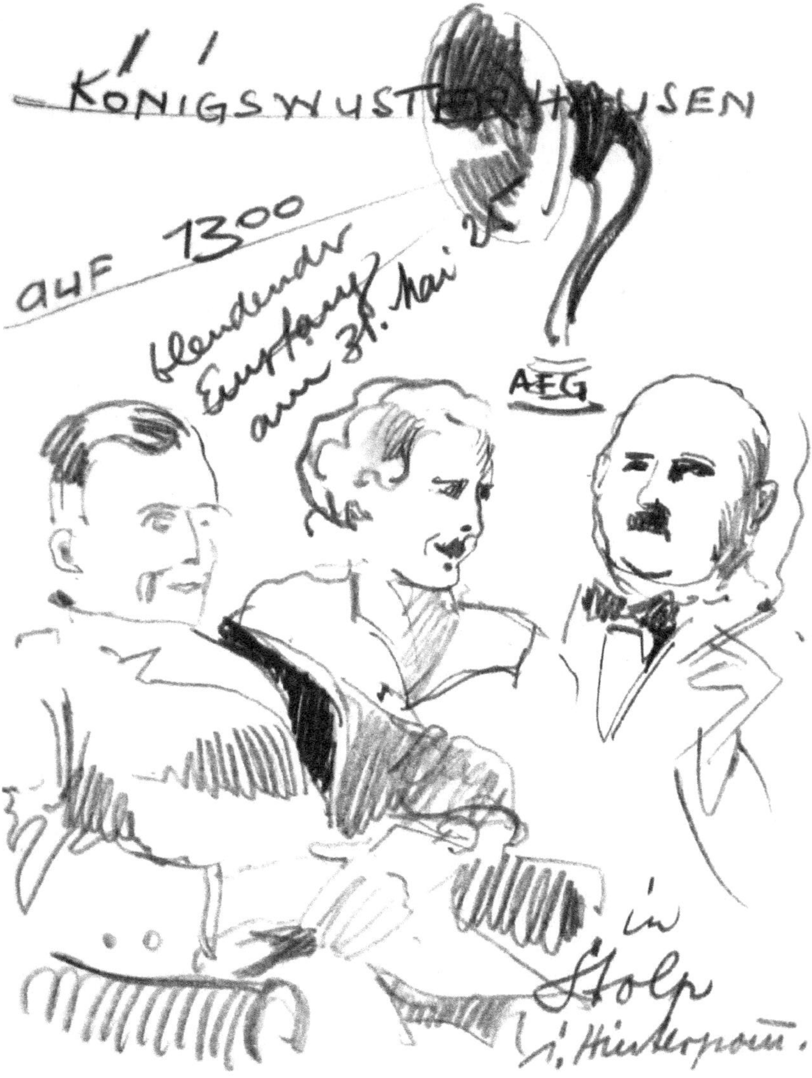
KÖNIGSWUSTERHAUSEN
AUF 1300
blendender Empfang am 31. Mai
AEG
in Stolp i. Hinterpom.

Der erste Rundfunksprecher

Wie aufregend die frühe Radiozeit gewesen sein muss. Alles fand zum ersten Mal statt: die ersten Sendeversuche, die ersten Empfangsberichte, die ersten regelmäßigen Sendungen, der erste Auslandsrundfunk. Und mittendrin: Erich Schwarzkopf.

Erich Schwarzkopf wurde am 26. Februar 1887 als Sohn eines königlichen Steuereinnehmers in Strausberg geboren. Er besuchte die Volksschule in Strausberg, die Mittelschule in Frankfurt (Oder) und erwarb am Königlichen Gymnasium zu Landsberg die Obersekunda.

Am 4. Januar 1904 begann Schwarzkopf seine Laufbahn als Telegraphengehilfe bei der Deutschen Reichspost. Im Jahr 1908 legte er die Prüfung zum Telegraphenassistenten ab und wurde 1917 Telegraphensekretär. Nach dem Ersten Weltkrieg kam er als Vorsteher zum Postamt nach Radeberg und wurde im März 1920 an die Hauptfunkstelle der Reichspost nach Königs Wusterhausen versetzt.

In Königs Wusterhausen war Erich Schwarzkopf als technischer Leiter für die ordnungsgemäße Funktion des Funkbetriebes verantwortlich. Dieser bestand damals vor allem in der telegraphischen Übermittlung von Wirtschaft- und Börsennachrichten an die Reichspostempfangsstellen.

Zu dieser Zeit begannen auch die regelmäßigen Versuche zur Übertragung von Sprache und Musik auf drahtlosem Wege und Erich Schwarzkopf fand ein für ihn neues Betätigungsfeld. Ab dem Frühjahr 1920 wurden von Königs Wusterhausen unzählige Sendeversuche durchgeführt, bei denen er Texte verlas und zusammen mit den anderen Technikern Musik live oder vom Grammophon spielte.

Ein erster Höhepunkt dieser Versuche ereignete sich am 22. Dezember 1920. Die Postbeamten wollten ihren Zuhörern etwas Besonderes bieten und so organisierten sie ein Weihnachtskonzert. Aus dem Ort wurde ein Harmonium von Schwarzkopfs Schwester zur Hauptfunkstelle geholt, darauf spielte Gustav Brause. Schwarzkopfs Schwager und die Belegschaft der Sendestelle bildeten den Chor. Erich Schwarzkopf selbst begrüßte die Hörer, spielte Geige und sprach die die Musik verbindenden Texte.

Das Weihnachtskonzert war ein voller Erfolg. Zahlreiche Empfangsbestätigungen aus dem In- und Ausland bestätigten die gute Qualität der ersten Radiosendung in Deutschland. Doch dabei blieb es nicht. Im März 1921 veranstaltete die Sendestelle ein Osterkonzert, am 8. Juni wurde die erste Oper aus Berlin übertragen. Und auch sonst wurde viel gesendet. Die Lorenz AG hatte vom Reichspostministerium die Erlaubnis erhalten, auf der Essener Elektroausstellung vom 30. Mai bis 4. Juni 1921 ihre neuesten Empfänge zu zeigen. Als Quelle für den Empfang diente das Programm aus Königs Wusterhausen – zweimal täglich wurde für eine halbe Stunde Sprache und Musik übertragen.

Der Betrieb des Wirtschaftsrundfunks ließ in der Folgezeit immer weniger Zeit für die Rundfunkversuche und die zunehmende Anzahl an Sendern den Musikern wenig Platz. So entstand die Idee, einen eigenen Sender für die Musikübertragungen zu bauen. Ende 1922 begann der Eigenbau eines Röhrensenders mit einer Leistung von fünf Kilowatt. Beim Bau dieses Senders bewies Erich Schwarzkopf auch sein technisches Talent – für die Modulation des Senders über eine Drossel in der Gitterleitung erhielt er ein Patent.

Für den Geigenspieler Schwarzkopf war der gute Klang immer ein wichtiger Aspekt. In Zusammenarbeit mit Walter Mehle gelang es ihm, die als Mikrofon verwendeten Sprechkapseln deutlich zu verbessern. Auch für die elektrische Abtastung der Grammophonplatten als Musikquelle fanden sie eine Lösung, was zu einer bisher ungeahnten Qualität in der Musikübertragung führte. Und für die Künstler wurde ein eigener, klangoptimierter Aufnahmeraum eingerichtet.

Am 13. Mai 1923 begannen Erich Schwarzkopf und seine Reichspostkollegen mit der Veranstaltung der sogenannten Sonntagskonzerte. Diese entwickelten sich zu einem wahren Anziehungspunkt für Künstler insbesondere aus Berlin – und so waren in den nächsten Jahren zahlreiche Klangvirtuosen zu Gast auf dem Funkerberg. Bekannte Plattenfirmen lieferten ihre neuesten Aufnahmen und die Firma Steinway stellte einen Flügel zur Verfügung.

Überlieferungen zufolge war Erich Schwarzkopf ein guter Erzähler. So ergab es sich, dass er bei den Sendungen aus der Hauptfunkstelle die Rolle des Sprechers übernahm. Und das blieb nicht ohne Wirkung: In Zuschriften wurde Schwarzkopf als liebenswürdiger Sprecher charakterisiert, dessen ungekünstelte Sprache klar und deutlich zu vernehmen sei. Wie ein Freund aus dem Radio wurde er empfunden, der erste Rundfunksprecher Deutschlands. Bis zum 26. Januar 1926 wurde jeden Sonntag aus Königs Wusterhausen gesendet. Erich Schwarzkopf fehlte bei keiner einzigen Sendung.

Im Jahr 1928 begann dann eine neue Ära: der Auslandsrundfunk. Auf dem Funkerberg war jedoch zu wenig Platz für die raumgreifenden Sendeanlagen und so wurde im benachbarten Zeesen ein neues Sendegelände erschlossen. Erich

Schwarzkopf wurde Leiter der neuen Sendestelle und im August 1929 konnte mit einem ersten Sender der Auslandsrundfunk beginnen. In den nächsten Jahren entstanden in Zeesen die weltweit größten Kurzwellensender.

Nach dem Ende des Zweiten Weltkriegs war es Erich Schwarzkopf, der für die sowjetischen Sieger die Funktionsfähigkeit aller Zeesener Sender organisierte. Anschließend wurde die Technik komplett demontiert und als Reparationsleistung in die Sowjetunion verschickt.

Dies nahm Erich Schwarzkopf zum Anlass, um in den von den westlichen Alliierten kontrollierten Teil von Berlin zu gehen. Von hier aus zog er im Oktober 1946 nach Hamburg und trat bei der Reichspost-Oberpostdirektion für die britische Zone in Hamburg, Abteilung Funk, wieder in den Dienst der Post ein. Im September 1948 wurde er nach Darmstadt versetzt. In dieser Zeit brachte er sein technisches Wissen in der Sendetechnik ein und unterstützte unter anderem die Erweiterung der Sendestellen Norddeich und Elmshorn.

Nach seiner Zurruhesetzung im März 1952 blieb Erich Schwarzkopf weiter am Rundfunk interessiert. Regelmäßig war er zu runden Jubiläen ein gefragter Gesprächspartner im Hörfunk und setzte sich Zeit seines Lebens für Königs Wusterhausen als Wiege des Rundfunks ein.

Erich Schwarzkopf starb im Dezember 1975 in Darmstadt. Nach ihm sind keine Straßen oder Plätze benannt, Wikipedia kennt seinen Namen nicht. Im Museum auf dem Funkerberg der Rundfunkstadt Königs Wusterhausen aber ist Erich Schwarzkopf unvergessen.

Ein Welttag für das Radio

Am 13. Februar 1946 wurde das United Nations Radio gegründet – das Radioprogramm der Vereinten Nationen. Absicht der UNO war es, weltweit über die Ziele und das Wirken der UNO und ihrer Einrichtungen zu informieren. Die Beiträge entstanden in den Amtssprachen Chinesisch, Englisch, Französisch, Russisch und Spanisch und ab 1974 auch auf Arabisch.

In den Anfangsjahren wurden die Sendungen von U.N. Radio in Zusammenarbeit mit Sendegesellschaften in den USA, in Kanada, England und Europa produziert und ausgestrahlt. Ab 1960 begann U.N. Radio, die Inhalte selbst zu erstellen und über Kurzwellenanbieter zu verbreiten. Nach ersten Kurzwellenstationen in Europa und Amerika kamen Übertragungen in Afrika, Lateinamerika, im Nahen Osten und Asien hinzu. Zu Beginn der 1980er Jahre produzierte U.N. Radio etwa 2.000 Sendestunden in 25 Sprachen jährlich, die in 167 Ländern empfangen werden konnten.

Durch stark steigende Kosten war das Radio der Vereinten Nationen 1986 dazu gezwungen, die Kurzwellensendungen zu beenden. So ging man dazu über, die Informationen auf Tonbandkassetten auszuliefern. Im Jahr 1988 wurden den Radiostationen weltweit etwa 100.000 und 1997 sogar rund 200.000 Kassetten zur Verfügung gestellt. Allerdings standen die Sendungen nun erst mit zeitlicher Verzögerung bereit.

In den 1990er Jahren begann der Übergang zur Übertragung auf elektronischem Weg. Über Telefonleitungen und Satellitenkanäle konnten die Nachrichten in Echtzeit an die Radioanbieter übertragen werden. Und mit dem Einzug des Internets wurde die Verfügbarkeit von U.N. Radio deutlich erleichtert. Heute stehen die Informationen praktisch jederzeit und fast überall zur Verfügung.

Inhaltlich standen im U.N. Radio neben aktuellen Nachrichten immer auch brisante Themen auf dem Programm. So hat schon 1946 der legendäre US-amerikanische Radioreporter Edward R. Murrow eine Sendung zur Kinderarmut in Europa produziert – ein Thema, das immer noch in vielen Regionen der Welt relevant ist.

Heute gehört U.N. Radio zur Nachrichtenabteilung »UN News« der Vereinten Nationen. Für etwa 2.000 Radiostationen weltweit werden Informationssendungen in acht Sprachen zur Verfügung gestellt. In diesen wird neben weltweiten Nachrichten auch über Themen wie Gesundheit, Gleichberechtigung, Bildung, Wissenschaft, Forschung und Klimaschutz berichtet. So erreichen diese Themen auch Regionen, die sonst nur schwer mit Informationen zu versorgen sind.

Im Jahr 2011 beschloss die Generalversammlung der UNO, die weltweite Bedeutung des Hörrundfunks im 21. Jahrhundert stärker ins Bewusstsein zu rufen. Seitdem ist der 13. Februar, das Gründungsdatum von United Nations Radio, der »Welttag des Radios«. Rundfunkstationen auf der ganzen Welt beteiligen sich daran mit besonderen Aktionen und präsentieren die Fähigkeiten, die nur das Medium Hörrundfunk besitzt.

Als das United Nations Radio 1946 in Betrieb ging, gab es auf der Welt kein alternatives Medium, mit dem Nachrichten in Echtzeit empfangen werden konnten. 75 Jahre später ist das Internet der am meisten genutzte Übertragungsweg für Informationen. Doch rund eine Milliarde Menschen haben keinen Zugang zu diesem Medium. Für sie ist auch heute noch das Radio unverzichtbar.

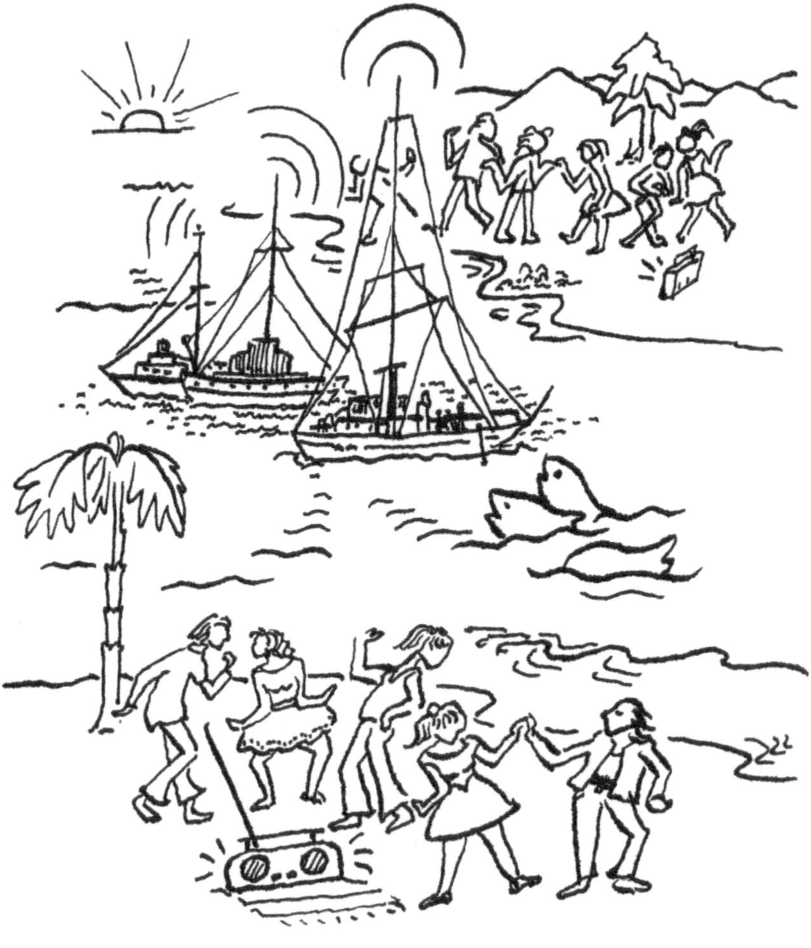

Ein Piratensender verändert die Welt

»This is ›Radio Caroline‹ on 199, your all day music station!« Mit diesen Worten schrieben Chris Moore und Simon Dee am Ostersonntag, den 28. März 1964, um 14 Uhr Rundfunkgeschichte. Vor der englischen Küste war der Piratensender »Radio Caroline« auf Sendung gegangen.

Gründer des Senders war der Musikproduzent Ronan O'Rahilly. Vergeblich hatte er versucht, seine moderne Popmusik im damals sehr konservativen offiziellen Rundfunk Englands zu verbreiten. Er griff die Idee von Voice of America auf, aus internationalen Gewässern zu senden. Mit seinem außerhalb der Drei-Meilen-Zone liegenden Schiff umging er rechtliche Hürden und konnte sein eigenes Rundfunkprogramm verbreiten.

Auf dem Schiff war ein 10 Kilowatt starker Mittelwellensender installiert, der auf der Frequenz 1.520 Kilohertz sendete. Bereits mit dem ersten Musiktitel wurde ein Zeichen gesetzt – gespielt wurde »Not Fade Away« von den Rolling Stones.

Radio war in den 1960er Jahren auch in England stocksteif. Inhaltliche Beiträge dauerten durchaus 20 oder 30 Minuten, moderne Musik wurde durch das BBC Tanzorchester nachgespielt. Insbesondere die Interessen der Jugend blieben völlig unberücksichtigt.

»Radio Caroline« wollte anders sein und brachte die englische Rundfunklandschaft gehörig durcheinander. Für viele

Bands und kleine Musiklabels war es die einzige Chance, ihre Musik im Radio zu spielen. Für Jugendliche war »Radio Caroline« der einzige Zugang zu moderner Rockmusik im Rundfunk. Auch viele Jahrzehnte später erinnern sich Hörer an den Sender aus ihrer Jugendzeit.

Und »Radio Caroline« blieb nicht allein. Mit Radio City, Radio Essex, Radio 270, Radio Invicta, Radio 390, Radio King und einigen weiteren Stationen folgten zahlreiche Piratensender dem Beispiel des ersten nicht legalen Senders vor der Küste Englands.

Der Politik waren diese Rundfunkaktivitäten ein Dorn im Auge und so wurde im August 1967 mit dem Marine Broadcasting Offenses Act die Zuständigkeit der britischen Regierung für die Rundfunkaufsicht über das britische Territorium hinaus erweitert. Nun war der Betrieb von Offshore-Sendern unzulässig, wenn sie von Personen betrieben wurden, die dem britischen Recht unterlagen. Viele Stationen stellten daraufhin den Betrieb ein. »Radio Caroline« aber sendete weiter. Mit viel Kreativität und Wagemut fanden die Betreiber in den nächsten Monaten, Jahren und Jahrzehnten immer wieder neue Wege, ihr freies Radioprogramm zu verbreiten. Sie vergrößerten den Abstand zur Küste, erhöhten die Sendeleistung, wechselten die Flagge, kauften ein neues Schiff. Fast 30 Jahre lang sendete »Radio Caroline« als Piratensender – und wurde zur Legende.

Seit Mitte der 1990er Jahre verfügt »Radio Caroline« über eine offizielle Sendelizenz. Heute ist der Sender regional über Mittelwelle und DAB+ sowie weltweit als Internetstream zu empfangen, begeistert mit feinster Rockmusik und hat Fans auf der ganzen Welt.

Auch er erfand den Rundfunkempfänger

Alexander Stepanowitsch Popow wurde im Jahr 1859 in Krasnoturinsk im Nordural geboren. Als Sohn eines Geistlichen studierte er anfänglich Theologie, wandte sich dann aber der Wissenschaft zu und absolvierte ein Studium der Physik und Mathematik in Sankt Petersburg. Anschließend ging Popow in den Lehrstuhl einer Militärschule etwa 30 Kilometer von Sankt Petersburg entfernt. Neben der hervorragenden technischen Ausstattung verfügte diese Einrichtung auch über eine umfangreiche Bibliothek. Dort kam der junge Wissenschaftler das erste Mal mit den Arbeiten von Heinrich Hertz, Edouard Branly und Oliver Lodge in Kontakt.

Popow war offensichtlich begeistert. Er baute die Versuche von Hertz nach, verbesserte den Kohärer von Lodge und erfand während seiner Experimente ein neues Bauteil: die Empfangsantenne. Sein Empfänger erreichte dadurch eine bisher unbekannte Empfindlichkeit.

Die erste bekannte Vorführung seiner Apparatur fand am 7. Mai 1895 an der Universität Sankt Petersburg statt. Alexander Stepanowitsch Popow demonstrierte den Empfang von elektromagnetischen Wellen, die am anderen Ende des Raumes durch einen Funkeninduktor erzeugt wurden. Die anwesenden Professoren erkannten die Bedeutung der Vorführung jedoch nicht, und so zeugt lediglich ein nüchternes Protokoll von diesem historischen Ereignis.

Ganz anders verlief eine weitere Vorführung am 24. März 1896. Im Rahmen einer Sitzung der Physikalisch-Chemischen Gesellschaft präsentierte Popow seinen abermals verbesserten Empfänger. An diesen hatte er, neben der Klingel zur akustischen Signalisierung, einen Morseschreiber angeschlossen. Die von einem Funkeninduktor ausgestrahlten Signale konnten so an dem 250 Meter entfernten Empfänger aufgezeichnet und hörbar gemacht werden. Die übermittelten Zeichen ergaben den Namen Heinrich Hertz. Jubel brach aus. Popow hatte die Erfindung des ersten selektiven Empfängers der Welt eindrucksvoll demonstriert.

Die wirtschaftlichen Möglichkeiten dieser Technologie erkannte jedoch ein anderer – Guglielmo Marconi. Er meldete den Empfänger von Popow in England als Patent an und begann damit eine lange wirtschaftliche Karriere.

Im Jahr 1900 wurde Alexander Stepanowitsch Popow zwar in Paris für seine bahnbrechende Erfindung geehrt, insbesondere in der westlichen Welt jedoch blieb die Anerkennung über viele Jahrzehnte aus. Erst nach dem Ende des Kalten Krieges rückte die Bedeutung der Erfindung von Popow stärker ins Bewusstsein.

Und auf dem Funkerberg in Königs Wusterhausen wurde im Jahr 2008 eine Straße nach ihm benannt.

Der Leipziger Radiowecker

Was haben Big Ben, Beethovens Fidelio und ein Wecker gemeinsam? Am 2. März 1924 wurde in Leipzig die Frühjahrsmesse eröffnet. Und sie konnte mit einem ganz besonderen Höhepunkt aufwarten: dem Start eines Rundfunksenders. Als zweite Sendegesellschaft in Deutschland hatte die Mitteldeutsche Rundfunk AG – MIRAG – einen Tag zuvor den Sendebetrieb aufgenommen.

Und dieser Auftakt war durchaus besonders. Bereits im Jahr 1919 hatte sich die Handelskammer der Stadt darum bemüht, einen Sender für die Messe Leipzig zu installieren. Ziel war es, von Beginn an das Medium Radio als Kommunikationsmittel für den Messestandort zur verwenden. Dass dies 1924 in Leipzig gelang, ist einer breiten Koalition von Rundfunkbegeisterten zu verdanken. Beteiligt waren Vertreter aus der örtlichen Politik, Vertreter der Rundfunkhändler und der Industrie. Für die notwendige Finanzierung sorgte der Verlag »Edgar Herfurth & Co.«, dessen »Leipziger Neueste Nachrichten« auch gleich den notwendigen Inhalt bereitstellen konnten. Und dass mit Erwin Jaeger ein bekennender Radioamateur zum Vorstand der Mitteldeutschen Rundfunk AG benannt wurde, ist eine weitere Besonderheit in der deutschen Rundfunkgeschichte.

Die starke Verbindung zur Messe wurde bereits mit den ersten gesendeten Worten deutlich: »Hallo, hallo – hier ist Leipzig, hier ist der Leipziger Meßamtssender der Reichs-Telegraphen-Verwaltung für Mitteldeutschland, wir senden auf Welle 450.«

Obwohl die enge Verbindung zur Messe den Sendebeginn erst möglich machte, war Leipzig als Senderstandort durchaus umstritten. Auch die damalige Landeshauptstadt Dresden sowie Chemnitz als drittgrößte Stadt des Sendegebietes beanspruchten einen Sender für sich.

Das riesige Versorgungsgebiet der MIRAG reichte von Blankenburg im Freistaat Braunschweig bis nach Klingenthal in Sachsen, von Dessau in Anhalt bis nach Eisenach in Thüringen. Um in diesem Gebiet den Hörrundfunk bereitzustellen, reichte der erste Leipziger Sender mit seinen 700 Watt Sendeleistung nicht aus. Eine Leistungssteigerung im Jahr 1926 verbesserte die Situation nur teilweise. Erst als 1932 der Sender Wiederau mit 120 Kilowatt Sendeleistung in Betrieb ging, war der flächendeckende Empfang sichergestellt.

Auch inhaltlich war das Programm der MIRAG außergewöhnlich. Mit heutigen Außenstudios vergleichbare Sprechstellen entstanden in Chemnitz, Erfurt, Weimar, Eisenach, Halle, Jena und Sondershausen. So konnten eine große inhaltliche Vielfalt und ein regionaler Bezug des Senders zu seinen Hörern sichergestellt werden. Dresden wiederum erhielt einen eigenen Nebensender mit eigenen Programminhalten.

Und warum nun Big Ben und Beethoven? Rundfunkhören war in den Anfangsjahren auch eine technische Herausforderung. Um mit dem Detektorempfänger einen Sender hören zu können, mussten die Antenne ausgerichtet, der Schwingkreis abgestimmt und auf dem Quarzkristall die richtige Stelle »erkratzt« werden.

Auf der Senderseite entstanden zwangsläufig Pausen, gab es doch anfänglich oft nur ein einziges Mikrofon für das immer original gesendete Programm. Und so kommt der Wecker ins Spiel. Um Sendepausen zu überbrücken und den Hörern Zeit zu geben, ihre Empfänger richtig einzustellen, suchten die Leipziger Radiomacher nach einer Möglichkeit, ein kontinuierliches Signal zu erzeugen. Dazu legten sie einen Wecker in eine kleine Kiste und nahmen das entstehende Geräusch mit einer Telefonsprechkapsel auf. Dieses Ticken wurde ab November 1924 in den Übertragungspausen gesendet – und war damit das vermutlich erste Pausenzeichen Deutschlands.

Viele Jahrzehnte lang waren Pausenzeichen ein wichtiges Erkennungsmerkmal für Rundfunksender. Die Glocken von Big Ben waren jahrzehntelang die Stationskennung der BBC und eine Melodie aus Beethovens »Fidelio« diente der Deutschen Welle als Erkennungsmerkmal. Beides kann man noch heute im Original hören.

Wie der Leipziger Wecker damals klang, ist heute nur noch in Archiven zu finden. Denn wer hat denn im 21. Jahrhundert noch einen mechanischen Wecker?

Die Schallplatte und das Radio

Musik hat im Radio schon immer eine wichtige Rolle gespielt. In der Zeit der ersten, noch technisch motivierten Sendeversuche stand mit dem Abspielen von Grammophonplatten vor allem eine kontinuierliche Schallquelle zu Verfügung. Derartige Übertragungen sind aus dem Telephonielabor des Telegraphentechnischen Reichsamtes (TRA) in Berlin, der Lorenz Station in Eberswalde und der Sendestelle Königs Wusterhausen bekannt. Für die Beurteilung der Übertragungsqualität in diesen Versuchen war Musik immer ein sehr gut geeignetes Medium. Und: Musik von der Platte war auch damals schon der einfachste und preiswerteste Weg, Programminhalte zusammenzustellen.

In den ersten Rundfunkjahren wurden die Radiostationen von den Schallplattenfirmen freiwillig mit den neuesten Aufnahmen versorgt – immerhin war die Erwähnung der Titel zugleich immer auch kostenlose Werbung. Und die Qualität der Übertragung von Schallplattenmusik war im Rundfunk bald so gut, dass diese von original gespielter Musik kaum zu unterscheiden war.

Die Entwicklung der technischen Möglichkeiten führte dazu, dass in den Jahren 1929 und 1930 die Rundfunkanstalten begannen, eigene Schallplatten von Musikereignissen zu pressen. Das traf naturgemäß auf das Missfallen der Plattenindustrie, die ein Mitspracherecht bei der Nutzung ihrer Produkte verlangte. Im Ergebnis dieser Auseinandersetzung wurde im November 1931 der Reichsrundfunkgesellschaft das Abspielen von Schallplatten bei den ihr angeschlossenen Sendeanstalten verboten. Dieser Konflikt wurde als Schallplattenkrieg bezeichnet. Und die Schallplattenfirmen begannen, auf das Label ihrer Platten Hinweise zur Nutzung zu drucken. Seitdem ist es auf vielen Platten zu lesen: »Radiosendung ohne Genehmigung verboten«.

Erst durch einen im März 1932 geschlossenen Vertrag zwischen der Schallplattenindustrie und dem Rundfunk wurde die Nutzung der Schallplattenmusik wieder erlaubt. Die Radiosender durften ab diesem Zeitpunkt monatlich 60 Stunden Programm von der Schallplatte senden. Die Industrie stellte diese Tonträger kostenlos zur Verfügung. Im Gegenzug mussten der Hersteller und der Titel der abgespielten Platte genannt werden. Auf der Grundlage dieser Vereinbarung wurde in den kommenden Jahrzehnten Musik von der Schallplatte in den Radioprogrammen gesendet.

Die beginnenden 1960er Jahre brachten große Veränderungen in der Musiklandschaft. Der Beat zog ein und wurde vor allem in der Jugend populär. Musikboxen in Cafés und Clubs entwickelten sich zur Quelle der ersten Musikcharts. Radio Luxemburg brachte mit seinem modernen Programm den starren Rundfunk in Deutschland in Bedrängnis – und im September 1965 trat ein neues Urheberrecht in Kraft. In diesem war geregelt, dass Künstler anstelle der bisher üblichen pauschalen Vergütung nun für jedes einzelne Musikstück bezahlt wurden, das die Radiosender von einem Tonträger abspielten.

Die Gesellschaft zur Verwertung von Leistungsschutzrechten (GVL) war mit der Durchsetzung dieses Anspruches beauftragt. Sie verlangte von der ARD eine Verzehnfachung der Zahlungen für die Nutzung von Tonträgern durch deren

Radioprogramme. Und die Sender reagierten rigoros. Um eine sprunghafte Erhöhung der Musikabgaben zu vermeiden, wurden reihenweise Musiksendungen eingestellt. Aufzeichnungen aus den Archiven dominierten das Programm und die rundfunkeigenen Klangkörper spielten dringend benötigte, populäre Titel ein. Die Radiohörer wollten aber nicht das nachgespielte Cover hören, sondern das Original.

Ein Jahr lang wurde zwischen der GLV und der ARD verhandelt. Im Dezember 1966 einigte man sich auf einen Kompromiss: Die ARD verdoppelte ihre Zahlungen für die Nutzung von Schallplattenmusik. Dafür durften ab dem 1. Januar 1967 in allen Radioprogrammen 35 Stunden Musik pro Woche von industriell hergestellten Tonträgern gespielt werden.

Diese Regelung hatte viele Jahrzehnte Bestand. Auch als die Compact Disk die Schallplatte ablöste, bildete sie die Grundlage für deren Nutzung im Radio. Erst das entstehende Internet stellte alle Beteiligten vor neue Herausforderungen.

Übrigens: In Königs Wusterhausen wurde Musik schon immer kostenfrei gesendet. Für die wöchentlichen Sonntagskonzerte von 1923 bis 1926 hatte die GEMA der Sendestelle den Verzicht auf die Lizenzgebühren erklärt. Und im monatlichen Programm von welle370 wird seit 2014 ausschließlich gemeinfrei lizenzierte Musik übertragen.

Ultrakurze Wellen

Die Anzahl der Sendefrequenzen für den Rundfunk ist technisch beschränkt. Um diese möglichst sinnvoll zu nutzen, wird seit Beginn des 20. Jahrhunderts die Belegung international vereinbart.

Im Jahr 1948 wurde in Kopenhagen ein neuer Wellenplan für die Nutzung der Lang- und Mittelwellen in Europa verabredet. Als Folge des Zweiten Weltkrieges war Deutschland an den Verhandlungen nicht beteiligt und erhielt nur sehr wenige Frequenzen zur Nutzung zugeschrieben. Damit war eine Rundfunkversorgung – insbesondere über die Mittelwelle – lediglich eingeschränkt möglich.

So kam es, dass die Rundfunkanstalten, die Deutsche Post und die Rundfunkindustrie nach einer Alternative suchten und sie im Bereich der Ultrakurzwelle (UKW) fanden. Sehr schnell einigte man sich auf die Nutzung des Frequenzbereiches von 87,5 bis 100 Megahertz. Die Mehrfachbelegung der Sendefrequenzen bei ausreichend räumlichem Abstand und die potenzielle Möglichkeit der Stereoübertragung waren weitere Gründe, die für die Ultrakurzwelle sprachen.

Mit dem Einverständnis der Besatzungsmächte begann 1949 die Entwicklung des UKW-Rundfunks in Deutschland. Der Nordwestdeutsche Rundfunk (NWDR) und der Bayerische Rundfunk (BR) übernahmen dabei eine Vorreiterrolle. Sie verabredeten für den 1. März 1949 den gemeinsamen Beginn des UKW-Versuchsbetriebes.

In Hannover war es Professor Werner Nestel, technischer Direktor des Nordwestdeutschen Rundfunks, der sich für den neuen Verbreitungsweg engagierte. Für den ersten UKW-Betrieb errichtete der NWDR im Gebäude der Pädagogischen Hochschule einen 100-Watt-Sender der Firma Telefunken für die Sendefrequenz 88,9 Megahertz.

Für den Bayerischen Rundfunk war die Firma Rhode & Schwarz mit dem Aufbau des ersten Senders befasst. Der in München-Freimann errichtete 250 Watt-Sender speiste eine Antenne in 110 Metern Höhe – und erreichte damit weite Teile der Landeshauptstadt.

Wem genau die Entscheidung zuzuschreiben ist, den Sender in Bayern schon am 28. März 1949 einzuschalten, darum ranken sich einige Legenden. Eine davon erzählt, dass der Amerikaner Edmund Schechter, erster Intendant von Radio München, den Sender anlässlich einer Tagung von Rundfunkgeräteherstellern einschalten ließ. Eine andere Geschichte erzählt Rohde & Schwarz-Vorstand Lothar Rohde. Dieser habe den damaligen Chefingenieur des Bayerischen Rundfunks, Friedrich Zaekel, mit einem Reporterteam vor Ort überrascht und so den vorzeitigen Sendebeginn veranlasst. Sicher ist: Mit der Inbetriebnahme des UKW-Senders sicherten sich die Techniker der Sendestelle München-Freimann den ersten Platz für eine UKW-Rundfunksendung in Europa.

Sieben Jahrzehnte später ist die Ultrakurzwelle immer noch der beliebteste Übertragungsweg für Radioprogramme in Deutschland. Aus Mono wurde Stereo, der Verkehrsfunk bekam den ARI-Ton und mit RDS kam die Senderkennung auf das Display. Etwa 140 Programme werden heute in Deutschland per UKW übertragen.

Wie lange UKW noch Bestand hat?

Ein Radiosender für die Jugend

Pfingsten 1964. Deutschlandtreffen. Die Jugend aus Ost und ein bisschen West traf sich, um – staatlich kontrolliert – zu diskutieren und zu demonstrieren. Aber auch, um zu singen, zu tanzen und zu feiern. Mittendrin das »Sonderstudio Deutschlandtreffen 1964«, ein Rundfunkprogramm für die Jugend.

DT64 war eine Sensation. Live-Moderationen und freie Kommentare, locker gesprochene Nachrichten und Musik von den Beatles. So etwas hatte es in der ostdeutschen Rundfunklandschaft noch nicht gegeben. Auch technisch wurde für DT64 ordentlich aufgefahren. Sechs Schnellreportagewagen waren unterwegs und ein UKW-Senderboot fuhr auf der Spree. Auf dem Alexanderplatz war ein mobiles Studio aufgebaut. Von zahlreichen Einsprechstellen in Berlin und dem Gebiet der DDR konnten die jungen Radiomacher live berichten. Die Reporter von DT64 waren dort, wo die Jugend sich traf.

DT64 spielte Musik, die die Jugend hören wollte, und die Reaktionen waren überwältigend. Wäschekorbweise kam die Hörerpost und DT64 erhielt einen Sendeplatz im Nachmittagsprogramm des Berliner Rundfunks.

Das junge Team von DT64 versuchte neue Wege zu gehen. Dem Rundfunksystem der DDR untergeordnet, wurden die Grenzen des Zulässigen ausgelotet und auch mal verschoben. Insbesondere den Bedarf nach moderner Musik versuchte man zu erfüllen – und zog den Groll der Staatsführung auf sich. Abgeschaltet wurde DT64 aber nicht.

Mit den Veränderungen der 1980er Jahre wurde auch der Rundfunk der DDR freier. Am 7. März 1986 wurde aus dem »Jugendstudio DT64« des Berliner Rundfunks und dem Jugendjournal von »Stimme der DDR« das »Jugendradio DT64«. Über eine UKW-Senderkette wurde nun täglich von 13 bis 24 Uhr gesendet. Die Jugend hatte ihren eigenen Sender, und die Experimentierfreude kannte kaum Grenzen. Zahlreiche neue Sendungen und Sendeformate entstanden und gingen auf die Bedürfnisse der jungen Hörer ein. Hardrock, Hip-Hop, Punk – so etwas hatte der Rundfunk in der DDR bis dahin nicht gekannt. Im März 1986 ging die Sendung »Parocktikum« on air und präsentierte unbekannte Bands – ein Novum in der von Einstufung und Spielerlaubnis geprägten Musikwelt der DDR.

In der Sendung »Duett – Musik für den Rekorder« wurden ganze Schallplatten aufnahmefreundlich ausgespielt. So wurde Musik für die Hörer zugänglich, die es oft nicht zu kaufen gab. Und die 1986 gestartete DT64-Sendung »Electronics« von Olaf Zimmermann heißt heute »Elektro Beats«, wird bei radioeins (rbb) gesendet und gilt als wichtigste deutsche Radiosendung für elektronisch erzeugte Musik.

Mit dem Zusammenbruch des politischen Systems der DDR erlangte auch DT64 eine völlig ungewohnte, scheinbar unbegrenzte Freiheit. Die Journalisten begleiteten die Wendezeit für ihre Hörer und durchlebten diese mit ihnen. DT64 wurde eine Instanz, der vertraut wurde und die mehr war als ein Radioprogramm.

Auch inhaltlich ging DT64 neue Wege. Vom 17. bis 25. August 1990 sendeten DT64 und der SDR3 gemeinsam die »Top 2000 D«. Für die längste Hitparade Deutschlands wechselten Moderatoren aus Ost und West die Studios und schrieben so Rundfunkgeschichte.

Doch die Zukunft von DT64 war bedroht, denn mit dem Ende der DDR wurde auch deren Rundfunksystem aufgelöst. Eine Zusammenführung mit dem ebenfalls bedrohten RIAS Berlin scheiterte unter anderem am Widerstand der Hörer. Als am 7. September 1990 das Programm von RIAS 1 auf fast alle Sendern von DT64 zu hören war, löste dies eine Protestwelle aus. 24 Stunden später war DT64 wieder auf Sendung.

Die Abschaltung von DT64 nahmen die Radiomacher schließlich selbst vorweg. Am 13. September 1991 erlebten die Hörer, wie ihr Sender wieder bedroht erschien. In dramatischen Worten schilderten die Radiomacher ihren Überlebenskampf gegen Bundespost und Medienpolitiker. Es war ein inszeniertes Hörspiel, das realer die Situation nicht darstellen konnte.

Am 1. Mai 1993 wurde DT64 vom MDR übernommen und in Radio Sputnik umbenannt. Eine Zeit lang sendete Sputnik in der Tradition von DT64 – um dann zu einem Formatradio für die Zielgruppe Jugend zu werden.

Fünf Jahrzehnte nach der ersten Sendung ist DT64 in der Medienwelt immer noch ein Begriff. DT64 steht als Symbol für die Freiheit und die Innovationskraft des Rundfunks. Wir sollten sie uns bewahren.

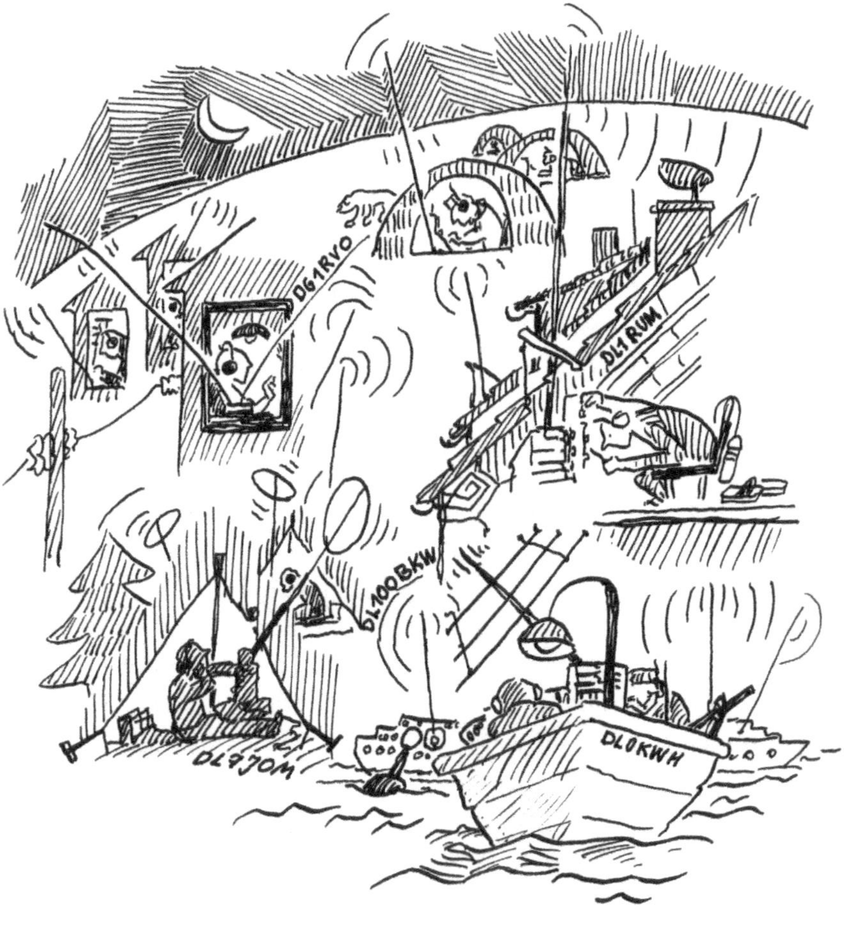

DG1RVO
DL1RUM
DL100BKW
DL7JOM
DL0KWH

Eine Welt für die Funkamateure

Die »Electro Importing Company« aus New York bot im November 1905 den Drahtlosen Telegraphen »Telimco« an. Dieser bestand aus einem Funkeninduktor als Sender und einem Kohärer als Empfänger. Er kostete 8,50 Dollar und sollte Übertragungen über eine Meile ermöglichen. Und es war das vermutlich erste Amateurfunkangebot der Welt.

Zu diesem Zeitpunkt war es in Amerika ohne Vorschriften möglich, Sendeanlagen zu errichten und zu betreiben. Diese Freiheit nutzten die funkbegeisterten Amerikaner und in den nächsten Jahren entstanden Tausende Sender – die sich auch gegenseitig störten.

Um die neu entstehenden kommerziellen Rundfunksender vor diesen Störungen zu schützen, wurde im Jahr 1912 der Radio Act von Amerika verabschiedet. Dieser erlaubte den Funkamateuren eine Übertragung nur im Bereich oberhalb von 1.500 Kilohertz. Diese – für die damalige Zeit hohen – Frequenzen galten zu diesem Zeitpunkt als nicht sinnvoll nutzbar. Viele weitere Länder schlossen sich dieser Regelung an.

Wenige Jahre später waren es Funkamateure, die die Leistungsfähigkeit der Kurzwelle erkannten. Immer wieder beobachteten sie in diesem Frequenzbereich Verbindungen über weite Entfernungen, obwohl die Sendeleistung nur wenige Watt betrug. Möglich wurden diese Verbindungen über Tausende Kilometer durch die damals noch nicht erforschte

Ionosphäre. Die neu entdeckten Vorzüge der Kurzwelle wollten bald auch staatliche und kommerzielle Sendedienste nutzen – und die Frequenzen der Funkamateure gerieten erneut in Gefahr.

Anlässlich der bevorstehenden dritten Weltfunkkonferenz gründeten am 18. April 1925 Vertreter aus 26 Ländern in Paris die International Amateur Radio Union (IARU). Und die neue Vereinigung der Funkamateure war erfolgreich. Im dritten Weltfunkvertrag von 1927 wurden den Funkamateuren Frequenzen im 160-, 80-, 40-, 20- und 10-Meter-Band zugewiesen, die bis heute Gültigkeit haben.

In den kommenden Jahrzehnten erlebten auch die Funkamateure eine rasante technische Entwicklung. Nach der Morsetelegraphie kam der Sprechfunk, Verbindungen wurden weltweit möglich, Bildübertragungen und digitale Übertragungsverfahren traten hinzu. Und sogar Verbindungen über Satelliten oder über die Reflexion des Mondes werden heute von Funkamateuren praktiziert.

Auf der ganzen Welt betätigen sich etwa drei Millionen Menschen als Funkamateure. Sie haben eine Prüfung absolviert, besitzen ein weltweit einmaliges Rufzeichen und fühlen sich dem HAM Spirit verpflichtet. Diesem Ehrenkodex folgend sind Funkamateure aufgerufen, sich an den Werten Toleranz, Technikbegeisterung, Wissenschaft, Bildung und Hilfsbereitschaft zu orientieren. Bekannte Funkamateure sind König Juan Carlos mit dem Rufzeichen EA0JC, Priscilla Presley mit dem Rufzeichen N6YOS oder Alexander Gerst alias KF5ONO.

Funkamateure haben auch im Internetzeitalter eine große Bedeutung. Insbesondere in Katastrophenfällen sind sie es, die Verbindungen in von der Außenwelt abgeschnittene Gebiete ermöglichen – oder auch bei einem einfachen Stromausfall über viele Stunden. Die Jugendförderung, die Entwicklung von Sende- und Empfangstechnik und der internationale Austausch sind weitere Tätigkeitsfelder für Funkamateure.

Aus Anlass der Gründung im Jahr 1925 begehen Funkamateure auf der ganzen Welt am 18. April jeden Jahres den Weltamateurfunktag. Unter dem Hashtag #WorldAmateurRadioDay wird in den sozialen Medien über die vielfältigen Aktivitäten überall auf der Welt berichtet.

Musikcharts für die Welt

Am Sonnabend, den 20. April 1935, sendete »NBC Radio« unter der Bezeichnung »Your Hit Parade« 15 populäre Musiktitel – die Idee der Hitparade war geboren. Für diese erste Sendung wählten Redakteure Kompositionen aus den beliebtesten und am meisten verkauften Musiktiteln der Woche aus. Ein festes System gab es dafür nicht, und auch die Reihenfolge spielte vorerst keine Rolle.

Das änderte sich erst zu Beginn der 1950er Jahre. Damals warben die amerikanischen Rundfunksender mit einem möglichst breiten Angebot um die Hörer. Diese wiederum waren es gewohnt, oft und themenabhängig die Sender zu wechseln.

Der Amerikaner Todd Storz war Inhaber einer Radiokette, deren Sender in Konkurrenz zu zahlreichen anderen Stationen standen. Storz stellte zum einen fest, dass die Senderwechsel der Hörer vor allem dann erfolgten, wenn von einem beliebten Musiktitel auf einen Sprachinhalt gewechselt wurde. Zum anderen hatte er bemerkt, dass von den Schallplatten einer Musikbox oft dieselben Titel gespielt wurden. Diese beiden Beobachtungen flossen in eine neue Sendeform ein – die Top 40. In seinen Radiostationen in Nebraska und New Orleans ließ Storz die beliebtesten Titel im Countdown-Prinzip abspielen. Der Nummer-eins-Hit wurde am Schluss der Sendung gespielt: Die Musikcharts waren geboren. Und da die so ermittelten 40 beliebtesten Titel in einer sogenannten Musikrotation den Hauptteil des Programms bildeten, entstand auch eine völlig neue Form des Rundfunks – das Musikradio.

In England wurde am 14. November 1952 die erste Hitparade veröffentlicht. Percy Dickins, der Gründer der Musikzeitschrift »New Musical Express«, ließ sich von 20 Schallplattenhändlern die Verkaufszahlen geben und erstellte daraus die Top 12.

Im britischen Radio ausgestrahlt wurde die Hitparade erstmalig 1955. Die BBC sendete auf ihrem Kanal »BBC light« die Chartsendung »Pick of the Pops«. Diese Sendung ist – mit einer zehnjährigen Unterbrechung – nunmehr über 60 Jahre im Äther präsent.

Die erste deutsche Single-Hitliste wurde im April 1954 in der Musikzeitschrift »Der Automatenmarkt« veröffentlicht. Grundlage für die Reihung waren die Umsätze in den öffentlichen Musikboxen. Im Radio gesendet wurden die Charts aber nicht. Die erste Radiosendung mit einer deutschsprachigen Hitparade blieb Radio Luxemburg vorbehalten. Am 6. April 1958 wurde die »Hitparade« mit Camillo Felgen erstmalig ausgestrahlt.

Im Jahr 1958 ermittelte das »Billboard«-Magazin in den USA erstmalig eine Top 100 Hitliste. Diese enthielt die einhundert am meisten per Tonträger verkauften und im Radio gespielten Musiktitel. In den kommenden Jahren setzten sich die Top-100-Musikcharts in vielen Ländern durch.

Und heute? Auch in den Musikcharts ist die Digitalisierung der Medienwelt präsent. Seit 2013 fließen die in den Streamingdiensten abgerufenen Musiktitel in die Berechnung der wöchentlichen Top 100 ein. Dafür gibt es in vielen Ländern unterschiedliche Modelle. Allen gemeinsam ist die abnehmende Bedeutung dieser offiziellen Charts.

Kuratierte Playlists der Streamingdienste und Tipps von Influencern an ihre Follower sind es, die im 21. Jahrhundert die Musikempfehlungen aussprechen. Die Musik im Radio wird oft in einer engen, von vielen Wiederholungen geprägten Rotation gespielt. Und doch gibt es sie noch: die Radiostationen, die in eigenen Musikredaktionen neue Musik bewerten, sie den Hörern vorstellen und so unbekannten Bands eine Plattform bieten. Und welchen Sender hören Sie?

Welchen Sender hören wir?

Auto fahrende Radiohörer hatten es früher nicht leicht. Das Programm der Wahl musste anhand der Sendefrequenz manuell gesucht werden, sodass bei einer Fahrt vom Bayerischen Wald an die Nordsee mehrere Einstellvorgänge nötig waren. Und ob in dem Sender Verkehrsinformationen angesagt wurden, konnte der Hörer nur aus dem laufenden Programm erfahren.

1975 wurde das Richtzeichen 368 eingeführt. Man stellte Hinweisschilder an Autobahnen auf, mit denen auf Sender mit Verkehrsfunk hingewiesen wurde. Diese Schilder ergänzten das erste automatisierte Informationssystem – ARI. Mit dem Autofahrer-Rundfunk-Informations-System konnte am Empfänger angezeigt werden, ob im gewählten Programm Verkehrsinformationen angesagt wurden. Wurde eine Verkehrsdurchsage erkannt, erhöhte sich automatisch die Tonlautstärke. Hörte der Autofahrer eine Tonbandkassette, so wurde die Wiedergabe gestoppt und auf den Sender mit der Verkehrsdurchsage umgeschaltet. Damit ging keine Verkehrsmeldung mehr verloren.

Aus dem ARI bekannt ist bis heute der »Hinz-Triller«. Mit diesem unverwechselbaren akustischen Signal konnte aus dem Rundfunkstudio heraus der Beginn und das Ende der Verkehrsdurchsage signalisiert werden.

Was den Hörern nicht erspart blieb, war das manuelle Suchen nach dem gewünschten Programm. Im Rahmen von

Arbeiten der Europäischen Rundfunkunion wurde dafür in den frühen 1980er Jahren am Institut für Rundfunktechnik in München nach Lösungen gesucht. Das Ergebnis war das Radio Data System, kurz RDS. Am 1. April 1988 wurde es in der ARD offiziell in Betrieb genommen.

Beim RDS werden Daten mit einer Datenrate von etwa 1,2 Kilobit je Sekunde zum Empfänger übertragen. Damit wird eine Vielzahl von Diensten ermöglicht. Der vermutlich am meisten genutzte RDS-Dienst ist der »Programm Service Name«. Darüber wird mit acht Zeichen der Name des Radioprogramms dargestellt. Da acht Zeichen oft nicht ausreichen, wurde der Dienst zum »Long Programm Service« weiterentwickelt. Hier sind 16 Zeichen möglich – bei Bedarf auch in Chinesisch, Kyrillisch oder Arabisch.

Das Problem der manuellen Sendersuche löst der Dienst »Alternative Frequency«. Hierbei werden permanent Alternativen zu der aktuellen Empfangsfrequenz übermittelt. Lässt die Qualität des Empfangs nach, wird unterbrechungsfrei auf eine andere Frequenz gewechselt. Der Hörer bemerkt diesen Wechsel hoffentlich nicht.

RDS kann aber noch viel mehr. Mit RDS ist es möglich, Titel und Künstler des laufenden Programms anzuzeigen, Staumeldungen und Verkehrsdaten zu übertragen und bei Verkehrsdurchsagen die Lautstärke zu verändern.

Heute ist RDS aus der Empfängerlandschaft nicht mehr wegzudenken. Praktisch alle öffentlich-rechtlichen und privaten Hörfunkanbieter nutzen mindestens einen der RDS-Dienste. So wird der UKW-Rundfunk fast genauso komfortabel wie das Digitalradio. Allen Übertragungen gemeinsam ist: Sie benötigen eine Antenne.

Das Weltall verbindet

6. April 1965, 23:47 Uhr Weltzeit. Ein Donnern überrollte Cape Canaveral. Erst langsam, dann immer schneller werdend, stieg die Delta D-Rakete in den Himmel. An ihrer Spitze trug sie Intelsat 1 in einen Orbit von 36.000 Kilometer. Mit dem auch »Early Bird« genannten Satelliten begann die kommerzielle Nachrichtenübertragung im Weltraum.

Eine Nachricht in Echtzeit über den Atlantik zu übertragen, war lange Zeit unmöglich. Die ersten einfachen drahtlosen Verbindungen gab es erst Anfang des 20. Jahrhunderts und nur wenig später gelang die Übermittlung von Nachrichten per Telegraphie. Das 1956 verlegte, erste transatlantische Telefonkabel verfügte immerhin schon über 36 Fernsprechkanäle.

Mit der Erschließung des Weltraums entstand eine völlig neue Möglichkeit zur transatlantischen Nachrichtenübertragung – über Kommunikationssatelliten. Diese haben die Aufgabe, Signale von der Erde zu empfangen und in das Zielgebiet zurückzusenden. Dabei können Sender und Empfänger auf der Erde sehr weit voneinander entfernt sein. Wird der Satellit auf eine geostationäre Umlaufbahn gebracht, steht er von der Erde aus gesehen immer in der gleichen Position am Himmel. So können Sende- und Empfangsantennen fest ausgerichtet sein.

Intelsat 1 ist ein 59 Zentimeter hoher Zylinder mit einem Durchmesser von 72 Zentimetern und einem Gewicht von

39 Kilogramm. An seiner Außenhülle sind Solarzellen angebracht, mit denen etwa 40 Watt elektrische Energie für die Stromerversorgung erzeugt werden können. Der Satellit verfügt über zwei sogenannte Transponder, von denen einer für die Übertragung in Richtung Nordamerika genutzt wurde und einer in Richtung Europa. Die Sendeleistung im All betrug 6 Watt bei einer Sendefrequenz von 4 Gigahertz. Mit »Early Bird« konnten gleichzeitig 240 Telefongespräche oder ein Fernsehsignal übertragen werden.

Nach gut einer Woche, am 14. April, erreichte Intelsat 1 seine Arbeitsposition im All. Erster Höhepunkt war am 2. Mai 1965 die Übertragung der Fernsehsendung »Premiere im Weltraum« auf beide Seiten des Atlantiks. Der Beweis einer funktionierenden Kommunikation über das Weltall war erbracht.

Die geplante Nutzungsdauer von 18 Monaten übertraf Intelsat 1 bei Weitem. Erst nach drei Jahren wurde er im Januar 1969 aus dem aktiven Dienst genommen.

Und im Juni 1969 erhielt der Satellit noch einmal eine besondere Aufgabe: Im Rahmen der Apollo-11-Mission war er in die Übertragung der Fernsehbilder von der Mondlandung eingebunden und trug so zu diesem weltweiten Medienereignis bei.

Lange Zeit boten Satelliten die einzige Möglichkeit zur Übermittlung von Fernsehbildern über den Atlantik. Wie wertvoll dies war, zeigt der bis weit in die 1990er Jahre eingeblendete Hinweis: »Übertragung per Satellit«. Mit der Digitalisierung und der weltweiten Verbreitung des Internets ist der Atlantik heute als Barriere für den Nachrichtenaustausch kaum noch wahrnehmbar.

Im Jahr 1984 wurde die International Telecommunications Satellite Organization ITSO 20 Jahre alt. Aus diesem Anlass wurde Intelsat 1 erneut aktiviert und bekam zum letzten Mal die Möglichkeit, Nachrichten zur Erde zu übertragen. Heute befindet sich Intelsat 1 in einem sogenannten Friedhofsorbit etwa 300 Kilometer oberhalb der eigentlichen Arbeitsposition. Und wenn ihm Sonnenwind und thermale Kräfte nicht zu sehr zusetzen, wird das auch für Tausende Jahre so bleiben.

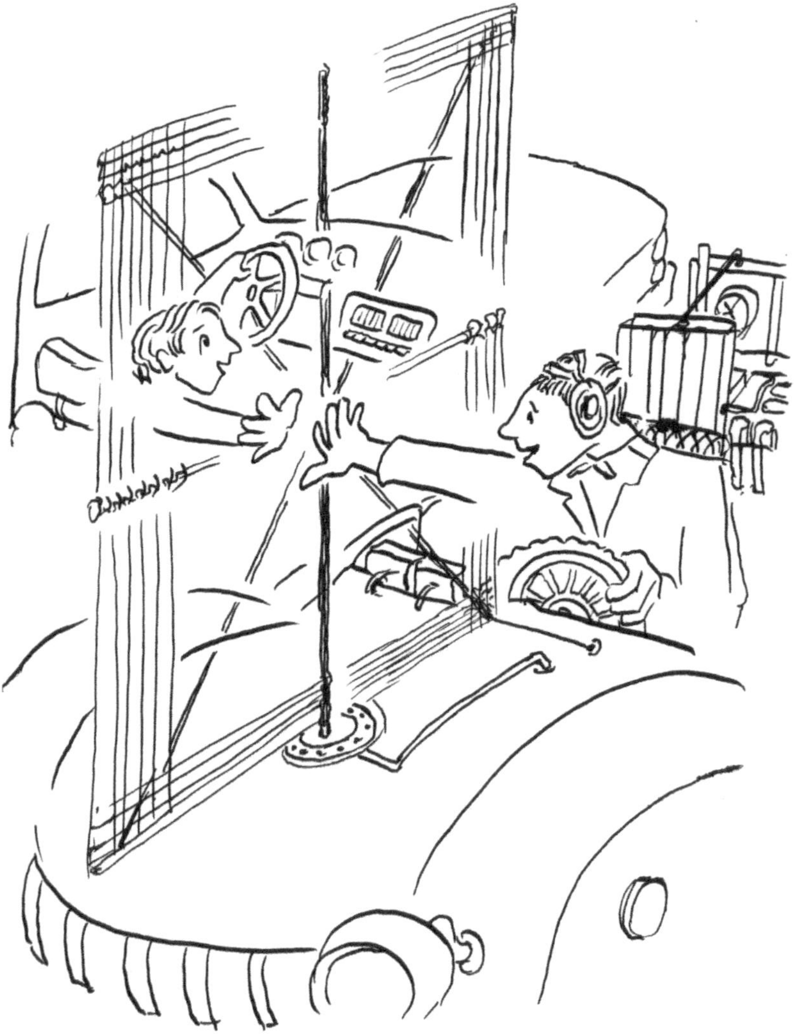

Das Radio wird mobil

George Frost war 18 Jahre alt und Präsident des Lane High School Radio Club in Chicago, als er am 5. Mai 1922 ein Radio in seinen Ford Modell T einbaute. Der an die Beifahrertür gebaute Empfänger verfügte bereits über einen Trichterlautsprecher und erlaubte den Empfang auch während der Fahrt. Ob das wirklich die Erfindung des Autoradios war, bleibt unklar, denn etwa zur gleichen Zeit präsentierte auch die Firma Marconi für die »Olympia Motor Show« in London ein Radio im Auto. Dazu rüsteten sie einen Daimler mit einem Empfänger des Typs »Marcophino« aus, der jedoch nur den Kopfhörerempfang ermöglichte. Sicher jedoch ist, dass Autofahren ab diesem Augenblick etwas anderes geworden war – ein fast 100 Jahre dauernder Siegeszug des terrestrischen Rundfunkempfangs im Auto begann.

Aus heutiger Sicht nahezu abenteuerlich waren die technischen Lösungen zur Integration der Empfänger in das Auto. Mag eine auf die Kühlerhaube montierte, metergroße Rahmenantenne noch als akzeptabel gelten, so sind es mit flüssiger Säure betriebene Anodenbatterien mit Sicherheit nicht. Die ersten speziell für Autos entwickelten Radios sollten dann auch vor allem genau diese Probleme lösen. Die Empfänger wurden in kompakte, gegen Störungen abgeschirmte Metallboxen eingebaut. Die Abstimmung des Radios erfolgte mithilfe eines Bedienteils im Fahrgastraum, das über flexible Wellen mit der Empfängerbox verbunden war. Die damals notwendigen sehr langen Antennen wurden in den Fahrzeugaufbau integriert und auch die Stromversorgung über die Fahrzeugelektrik sichergestellt.

Das Modell »Transitone« der amerikanischen Automobile Radio Corp. (ARC) von 1927 dürfte das erste speziell für Autos in Serie gebaute Autoradio gewesen sein. Ein wirtschaftlicher Erfolg war das Gerät noch nicht.

In Deutschland wurde auf der Funkausstellung 1932 erstmals ein hierzulande entwickeltes Autoradio vorgestellt. Die Berliner Radiotelefon und Apparatefabrik Ideal AG – später Blaupunkt – präsentierte den »Autosuper AS 5«. Dieser Überlagerungsempfänger war mit fünf Röhren bestückt und konnte Lang- und Mittelwellenprogramme empfangen. Das 15 Kilogramm schwere Empfangsteil hatte einen Rauminhalt von etwa zehn Litern und wurde durch Bowdenzüge mit der Bedieneinheit verbunden. Etwa 400 Exemplare wurden von dem für damalige Verhältnisse sehr teuren Luxusgut gebaut – der Preis betrug etwa ein Drittel eines Neuwagens.

In den folgenden Jahrzehnten erlebten Autoradios eine rasante Entwicklung. Aus den koffergroßen und zentnerschweren Lang- und Mittelwellenempfängern der Anfangsjahre wurden in die Mittelkonsole integrierte Röhrenempfänger.

Durch die Erfindung des Transistors wurden die Radios kleiner, der Stromverbrauch sank und die Bedienung wurde komfortabel. Zur Mittelwelle kam UKW hinzu, die analoge Skala wurde durch das LC-Display ersetzt. Waren erste Versuche, Plattenspieler zu integrieren, noch nicht wirklich erfolgreich, konnte die Audiokassette schon bald zuverlässig für die individuelle Programmgestaltung genutzt werden.

Heute sind Autoradios multimedial in die Fahrzeugelektronik integriert. Mehrkanalsound, digitale Anzeigen, graphische Stationsanzeigen, USB und Internetanbindung gehören zum Standard. Und egal, ob der Inhalt terrestrisch empfangen, über Bluetooth eingespeist oder als MP3 abgespielt wird – eines ist geblieben: Wir nennen es Autoradio. Noch.

Die älteste Radiosendung Deutschlands

Ob das Lied »Zwischen Hamburg und Haiti liegt die große Sehnsucht« von Hans Albers für den Titel der Radiosendung Pate gestanden hat, lässt sich heute nicht mehr eindeutig klären. Sicher ist: Mit 69 Jahren Sendezeit gehört »Zwischen Hamburg und Haiti« zu den ältesten deutschen Radiosendungen.

Im Jahr 1950 wurde in Deutschland die Ultrakurzwelle eingeführt. Das war für den Nordwestdeutschen Rundfunk (NWDR) Anlass genug, auf dieser völlig neuen »Welle der Freude« auch Neues auszuprobieren. Am 16. Mai 1951 wurde »Zwischen Hamburg und Haiti« erstmalig ausgestrahlt. Die Sendung ermöglichte in einer Epoche ohne Fernsehen und Internet einen Blick in die Welt, der zur damaligen Zeit vielen verwehrt blieb.

Reisen war für die meisten Menschen unbezahlbar teuer. Die bürokratischen Hürden für Reisewillige waren von Devisengenehmigung bis Einreisevisa hoch gesteckt. Und der beginnende Pauschaltourismus führte noch kaum über die Landesgrenzen hinaus. »Zwischen Hamburg und Haiti« durchbrach diese Hemmnisse und gewährte den Hörern einen Blick in die Kulturen dieser Welt. Ob Streifzug durch Pariser Cafés, ein Abendessen in Kyoto oder Perlentauchen in Australien – die akustischen Postkarten der Sendung waren und sind auch immer Reportagen über Land und Leute. Heute sind alle vorgestellten Reiseziele erreichbar, doch »Zwischen Hamburg und Haiti« hat nichts von seinem Reiz verloren. Im Zentrum stehen immer Geschichten von interessanten Orten – egal ob in Hamburg oder am anderen Ende der Welt.

Seit über sechs Jahrzehnten wird die Sendung am Sonntagvormittag ausgestrahlt. In den ersten Jahren ausschließlich live als Magazin produziert und analog gesendet, ist sie heute auf allen Ausspielwegen verfügbar. Und die Sehnsucht der Menschen, Neues zu entdecken, erfüllt »Zwischen Hamburg und Haiti« bis heute.

Ein Orchester für Berlin

Am 18. Mai 1945, zehn Tage nach dem Ende des Zweiten Weltkrieges, konnten Hörer an den Rundfunkempfängern ein bemerkenswertes Ereignis verfolgen. Über den Sender Tegel wurde Beethovens neunte Sinfonie übertragen, gespielt vom Rundfunk-Sinfonieorchester Berlin im Großen Sendesaal in der Masurenallee. Zu diesem Zeitpunkt war dies eine besondere Leistung – wie so vieles in der Geschichte dieses Rundfunkklangkörpers.

Die Geschichte des Rundfunk-Sinfonieorchesters Berlin begann am 29. Oktober 1923. An diesem Tag wurde vom Berliner Vox-Haus die erste offizielle Rundfunksendung Deutschlands ausgestrahlt. Das Musikstück zum Auftakt war das Andantino von Fritz Kreisler. Am Cello spielte Kapellmeister Otto Urack, begleitet von Fritz Goldschmidt am Flügel.

In den kommenden Wochen und Monaten spielte Otto Urack mit verschiedenen Künstlern im neuen Medium Radio. Schon bald erkannte man, dass die damaligen akustischen Bedingungen – es stand nur ein Mikrofon zur Verfügung – einen besonderen Umgang mit der Musik erforderten, an den sich Künstler immer wieder neu gewöhnen mussten. Eine ständig wechselnde Besetzung war schwierig, und so wurde am 18. Juni 1925 das Berliner Funk-Orchester gegründet. Mit diesem Orchester konnte nun hochwertige Musik im erforderlichen Umfang live gesendet werden.

In den nächsten Jahren und Jahrzehnten entwickelte sich das Rundfunk-Sinfonieorchester Berlin zu einer Institution in der Rundfunklandschaft. Der große Sendesaal des neu errichteten Rundfunkhauses in der Masurenallee wurde als Konzert- und Aufnahmeraum für unzählige Stücke genutzt. Das Repertoire reichte von der Vorklassik bis zur Moderne. Zeitgenössische Komponisten wie Igor Strawinsky, Richard Strauss oder Paul Hindemith dirigierten ihre Werke selbst, zahlreiche Erst- und Uraufführungen wurden gespielt.

Mit der Machtübernahme der Nationalsozialisten wurden die musikalischen Möglichkeiten stark eingeschränkt. Werke des »nationalen Erbes« standen nun im Mittelpunkt, unerwünschte Komponisten wurden als »entartete Kunst« diffamiert.

Nach dem Ende des Krieges begann das Rundfunk-Sinfonieorchester Berlin, in der Masurenallee für den Berliner Rundfunk zu spielen. Mit dem beginnenden Kalten Krieg zog das Orchester in die ostdeutsche Nalepastraße und war auch hier wieder ideologischen Einschränkungen ausgesetzt – die aber nicht immer die gewünschte Wirkung entfalteten. Im Herbst 1989 drohte sogar die Auflösung des Orchesters.

75 Jahre nach Kriegsende und fast 100 Jahre nach seiner Gründung können wir dem Rundfunk-Sinfonieorchester Berlin auch heute noch zuhören. Zu verdanken ist dies der Gründung der Rundfunk-Orchester und Chöre GmbH (ROC) Berlin. In dieser gemeinnützigen Gesellschaft ist es gelungen, vier traditionsreiche Rundfunkklangkörper unter ein gemeinsames Dach zu stellen und so deren Zukunft zu sichern.

Das Rundfunk-Orchester Berlin, der RIAS Kammerchor, das Deutsche Symphonieorchester und der Rundfunkchor Berlin veranstalten jährlich etwa 200 Konzerte mit zusammen 150.000 Besuchern. Und auch im Rundfunk kann man immer wieder Produktionen dieser musikalischen Institutionen hören.

Das Konzert des Rundfunk-Sinfonieorchesters Berlin vom 18. Mai 1945 wird dabei in der Geschichte des deutschen Rundfunks für immer eine besondere Rolle einnehmen.

Standards für den Rundfunk

Kennen Sie das IEEE? Nein? Und doch kommen Sie jeden Tag mit ihm in Kontakt.

Alles begann am 13. Mai 1912. In New York City wurde an diesem Tag das Institute of Radio Engineers (IRE) gegründet. Das IRE war ein Berufsverband von Ingenieuren der Funktechnik, die damals einen rasanten Aufschwung erlebte. Eine der wichtigsten Aufgaben des IRE war es, in dieser Zeit die Standardisierung der Technik voranzutreiben. So wurde bereits 1913 die Fachzeitschrift »Proceedings of the IRE« herausgegeben, in der monatlich technische Verfahren und Entwicklungen im Bereich der Funktechnik dokumentiert wurden. Auf diesem Weg erhielten Entwickler, Forscher und Anwender auf der ganzen Welt Kenntnis von technischen Neuerungen.

Auch bei der Schaffung von Strukturen zur Standardisierung war das IRE aktiv. Es wurden regionale Fachgruppen gegründet und auch die Bildung der Federal Radio Commission (FRC) ging maßgeblich auf das IRE zurück. So hielten technische und organisatorische Standards Einzug in den anfangs chaotisch anmutenden Rundfunk.

In den 1960er Jahren vereinigte sich das IRE mit dem American Institute of Electrical Engineers (AIEE) und legte damit den Grundstein für den heute größten Ingenieursverband der Welt – das Institute of Electrical and Electronics Engineers (IEEE). Im Jahr 2017 waren im IEEE über 400.000

Mitglieder in 160 Ländern organisiert. In 38 Fachbereichen werden praktisch alle Themen technischer Entwicklung weltweit begleitet.

Bis heute ist Standardisierung in der Technik eine große Aufgabe. Hierfür ein kleines Beispiel: Die drahtlose Übertragung von Daten per WLAN ist aus unserer heutigen Welt nicht mehr wegzudenken. Damit das WLAN an allen Orten der Welt gleichartig funktioniert, muss es standardisiert, also vereinheitlicht werden. Im Standard IEEE 802.11 ist festgeschrieben, wie die Übertragung im WLAN funktioniert. Und so sorgt ein IEEE-Standard für funktionierende Datenverbindungen von Milliarden Endgeräten auf der ganzen Welt.

Über 100 Jahre ist das IEEE nun alt und es hat viele technische Entwicklungen begleitet. Seit 1977 würdigt das IEEE herausragende Entwicklungen mit der Verleihung des Titels »Technischer Meilenstein«.

Wenn Sie einmal nach Königs Wusterhausen kommen, dann können Sie auch hier das IEEE finden. Am 16. Juli 2016 wurde im Senderhaus 1 auf dem Funkerberg das Weihnachtskonzert vom 22. Dezember 1920 als IEEE-Meilenstein der Technikgeschichte geehrt. Im Funktechnikmuseum zeugt eine Gedenktafel von diesem historischen Ereignis – und das bestimmt auch für die nächsten 100 Jahre.

Der Radioflüsterer

Wie das wohl gewesen sein mag vor 100 Jahren? Mit einem Mal entsteht, scheinbar plötzlich, dass erste Echtzeit-Nachrichtensystem der Menschheit. Hunderte, Tausende, Millionen Menschen können gleichzeitig an einem Ereignis teilhaben. Eine Medienrevolution.

Aufklärung, Verständnis und Information über diese neue Technik waren in den ersten Rundfunkjahren eine große Herausforderung. Ein unermüdlicher Aufklärer des entstehenden Hörfunks war Eugen Nesper.

Nesper wurde am 25. Juli 1879 in Meiningen geboren. Sein Vater war Schauspieler im berühmten Ensemble »Die Meininger«, das zu dieser Zeit durch Europa tourte. So kam es, dass der junge Eugen einige Jahre bei seinen Großeltern in Leipzig und Wien aufwuchs. 1883 zog Familie Nesper nach Berlin.

Zweifelsfrei verfügte Eugen Nesper schon als Kind über eine gehörige Portion Neugier, gepaart mit einem großen Interesse für technische Zusammenhänge. Im Alter von zehn Jahren begann er mit dem Bau eines großen Rühmkorff Induktors – die Erzeugung großer Funken war sein Ziel.

Einige Zeit später erregte ein Modell des Grundversuches von Heinrich Hertz in der Berliner Urania sein Interesse. Mithilfe der Rühmkorff-Spule begann er, diesen Versuch nachzubauen. Die etwa ein Jahr dauernde Bastelei war die erste Berührung von Nesper mit der drahtlosen Nachrichtenübertragung, ohne dass dies ihm dabei bewusst geworden wäre.

Im Jahr 1896 verließ Nesper die Schule und begann ein Volontariat bei der Deutzer Gasmotorenfabrik in Berlin. In dieser Zeit, die einer Lehrausbildung ähnlich war, erlernte er sehr viele praktischen Fertigkeiten im Maschinenbau. Mit der erworbenen Fähigkeit, technische Zeichnungen schnell und in hoher Präzision auszuführen, finanzierte er nach dem Abschluss des Reifezeugnisses sein Studium in Maschinenbau und Elektrotechnik. Mit einer Arbeit zum Thema »Die Strahlung von Spulen« promovierte er schließlich in Rostock zum Dr. phil.

Nach einem kurzen Intermezzo bei der Firma Telefunken begann Nesper 1906 bei der C. Lorenz AG. Er bekam hier die Möglichkeit, am Aufbau des neuen Geschäftsbereiches der drahtlosen Telegraphie mitzuwirken. In den nächsten Jahren war Eugen Nesper überall dabei. In Berlin produzierte Telegraphiesender wurden in die Boote der Kaiserlichen Marine eingebaut – die Abnahme vor Ort übernahm Nesper. In der Versuchsstation Eberswalde wurde an der Verbesserung der Übertragungsqualität gearbeitet – Nesper beriet die Techniker vor Ort. Und als in Antwerpen ein Lorenzsender in einem ersten U-Boot erprobt wurde, wäre er bei einem Tauchgang beinahe ums Leben gekommen. Nebenbei schrieb und publizierte er zahlreiche technische Aufsätze.

Der Beginn des Ersten Weltkriegs brachte auch bei Lorenz große Veränderungen. Die Produktion wurde vollständig auf die Anforderungen des Militärs ausgerichtet. Nesper ging nach Wien, wo er den Aufbau und die Leitung der dortigen Lorenzwerke übernahm. Mit viel Geschick gelang es ihm, das Werk durch die Zeit des Krieges zu bringen.

Ein Wendepunkt im Leben von Eugen Nesper sollte der 28. November 1918 werden. An diesem Tag besuchter er die mittlerweile von den Amerikanern übernommene Sendestation auf dem Laaer Berg bei Wien. Der Name Nesper war den neuen Betreibern durch Beiträge in amerikanischen Radio-Zeitschriften ein Begriff, und so kam man schnell ins Gespräch. An dessen Ende verließ Nesper die Sendestelle mit einem Geschenk – einem Rucksack voller moderner Röhren.

Als er darüber grübelte, wie er das wertvolle Geschenk am besten einsetzen könnte, kam ihm die Idee, die drahtlose Übertragung von Sprache und Musik im Sinne der Völkerverständigung für alle nutzbar zu machen. Und dafür brauchte es gut funktionierende Empfänger, die mit den amerikanischen Röhren durchaus zu bauen waren. An diesem Tag entstand bei Eugen Nesper die Idee des »Rundfunks für Jedermann«.

Obwohl nach dem Krieg Materialknappheit herrschte, war bereits im Januar 1919 das erste Mustergerät fertig. Um dessen Tauglichkeit zu demonstrieren, wurden die Techniker der Sendestation Königs Wusterhausen gebeten, Sprache und Musik zu übertragen. Und es gelang! Im März 1919 wurde im Rahmen eines Experimentalvortrages die Übertragung über eine Strecke von 550 Kilometern erfolgreich vorgeführt.

Voller Begeisterung berichtete Nesper dem neuen Ministerialrat Hans Bredow von seiner Rundfunkidee und den erfolgreichen Versuchen. Bredow stand der sofortigen Einführung skeptisch gegenüber, Nesper aber ließ die Idee nicht mehr los.

Im Jahr 1921 kehrte Nesper nach Berlin zurück. Beschäftigungsangebote von Lorenz sowie Telefunken schlug er aus und konzentrierte sich stattdessen auf seine Tätigkeit als Autor von Fachtexten. Nach jahrelanger Arbeit hatte er 1919 sein »Handbuch der drahtlosen Telegraphie und Telephonie« fertig geschrieben – ein wahrhaft gigantisches Werk. Es wurde im Jahr 1921 in zwei Bänden mit über 1.200 Seiten vom Springer Verlag veröffentlicht und war innerhalb kürzester Zeit ausverkauft.

Es war Julius Springer, der den anfangs zögernden Nesper überredete, eine Beschreibung der neuen Funktechnik für die Allgemeinheit anzufertigen. Im Juli 1923 kam das Buch »Radio Amateur – Broadcasting[1]« in den Handel und war innerhalb weniger Wochen ausverkauft. Sechs weitere Auflagen sollten folgen.

Schon im März 1923 hatte Eugen Nesper zusammen mit den Radioherstellern Dr. Seibt und Dr. Loewe den »Deutschen Radioclub« gegründet, der die Einführung eines »Broadcasting Dienstes« forderte und schnell 10.000 Mitglieder hatte. Im Konflikt um die Einführung des Rundfunks war es zum Bruch zwischen Eugen Nesper und Hans Bredow gekommen. Dieser wurde noch verstärkt, als Nesper zusammen mit Dr. Siegmund Loewe, Otto Kappelmayer und dem jungen Manfred von Ardenne – an Staatssekretär Bredow vorbei – dem Reichspräsidenten Friedrich Ebert den Radioempfang demonstrierten.

Und dann, am 29. Oktober 1923, war es plötzlich soweit: Aus dem Berliner Voxhaus wurde die erste offizielle Rundfunksendung in Deutschland ausgestrahlt.

In den kommenden Jahren informierte Eugen Nesper unermüdlich über das neue Medium Radio. Er wurde Herausgeber der Zeitschrift »Der Radio Amateur« und des späteren »Funk Magazins«. In unzähligen Veröffentlichungen im In- und Ausland schrieb und warb er für den Rundfunk. Er hielt Vorträge, beriet Hersteller, veranstaltete einen Radio-Fernkurs.

1 Nesper konnte mit dem von Thurn erdachten Begriff »Rundfunk« nichts anfangen. Die Antenne strahlt technisch gesehen nicht wirklich rund und es funkt auch nicht im Radio. Das führte dazu, das Nesper das Wort Broadcasting für das neue Medium Radio benutzte.

Und nebenbei konstruierte er Dinge wie kleine oder preiswerte Empfänger, eine Lampenantenne oder Raumklangmöbel.

Im Zweiten Weltkrieg verlor Eugen Nesper durch die Bombardierung Dresdens am 13. Februar 1945 nahezu sein gesamtes Hab und Gut. Er kehrte mit seiner Frau Käte nach Berlin zurück und überlebte in den nächsten Jahren unter schwierigsten Umständen.

Zu seinem 70. Geburtstag 1949 erfuhr Eugen Nesper noch einmal größere Aufmerksamkeit: In einer Feierstunde würdigten Vertreter aus Industrie und Rundfunk seine außergewöhnlichen Leistungen. Er traf viele ehemalige Weggefährten, und auch Hans Bredow gratulierte – ein Umstand, über den Nesper sich besonders freute.

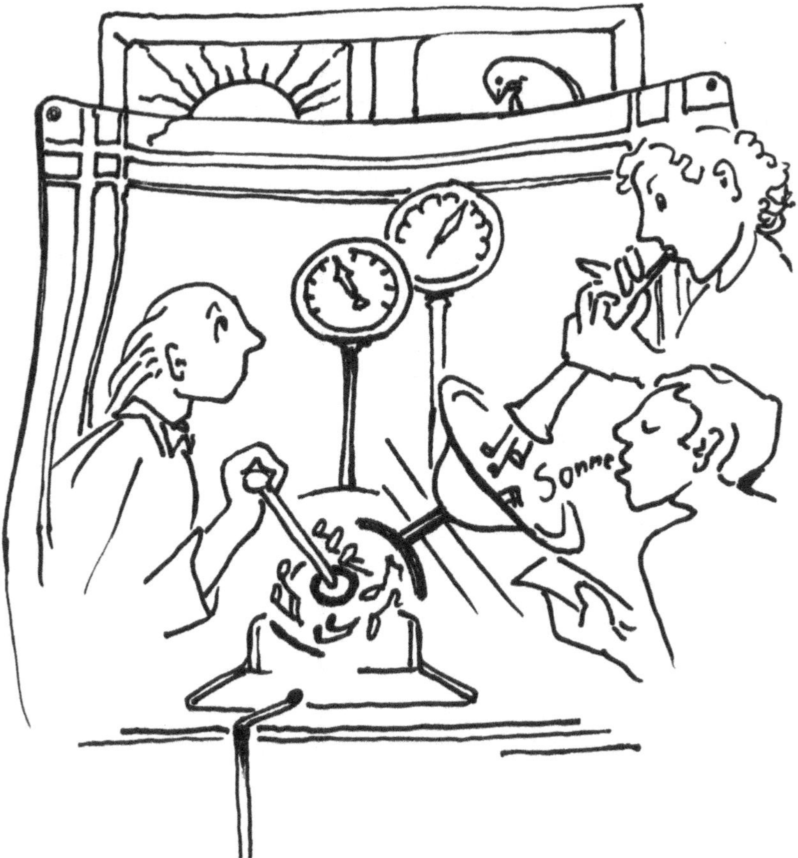
Sonne

Musik für die Ewigkeit

Als Sprechmaschine bezeichnet, wurde im Dezember 1877 das erste Gerät zur Aufzeichnung und Wiedergabe von Sprache und Musik patentiert – der Phonograph.

Die ersten Phonographen nutzten zur Tonaufzeichnung eine dicke Zinnfolie. Diese war etwa 12,5 Zentimeter breit, 38 Zentimeter lang und wurde auf einer Walze befestigt. Vor dieser Walze war eine Schalldose montiert, in der sich an einer Membran eine stumpfe Nadel befand. Bei der Aufnahme bringen die Schallwellen die Membran zum Schwingen. Die Walze wird mit der Hand gedreht und führt die Zinnfolie an der Schalldose vorbei. Dabei schneidet die Nadel die Audioinformation in die Zinnfolie.

Zum Abspielen wird die Schalldose wieder an der Zinnfolioe vorbeigeführt. Die Nadel tastet die aufgezeichneten Schwingungen ab und gibt diese, sehr leise, über die Membran in der Schalldose wieder. Beim Abspielen wurde die Zinnfolie oft beschädigt, sodass die Aufnahmen nur wenige Male abgespielt werden konnten. Bekannt sind heute nur zwei erhaltene Folien, auf denen sich Aufzeichnungen befinden.

Im Frühjahr 1878 erwarb der Journalist Thomas Mason aus St. Louis für 95 Dollar einen Phonographen mit Zinnfolie. Im Rahmen einer öffentlichen Aufführung am 22. Juni 1878 demonstrierte er dessen Funktion. Die dabei erzeugte Aufnahme gilt heute als die vermutlich älteste erhaltene Musikaufzeichnung der Welt.

Noch älter ist allerdings eine Tonaufnahme aus dem Jahr 1860. Der Franzose Scott wollte zu Forschungszwecken Schallwellen sichtbar machen. Dazu ließ er eine Schweineborste über eine Membran auf einer sich drehenden, mit Ruß geschwärzten Walze vibrieren. Als Ergebnis entstand eine optische Abbildung der Schallwellen. Abspielen konnte Scott seine Aufnahme nicht. Das gelang erst 2008, als Forscher mit der Hilfe von Computern die optisch festgehaltenen Schallwellen wieder in Töne umrechneten – es sind zwölf Sekunden Aufzeichnung eines französischen Kinderliedes.

Die historische Aufnahme von Thomas Mason wurde im Jahr 2012 wieder hörbar gemacht. Dazu wurde die Zinnfolie per Laser abgetastet und in ein 3D-Modell umgewandelt. Mit einer virtuellen Nadel konnte die Aufnahme anschließend abgetastet und in ein Tonsignal umgerechnet werden. Heute ist diese Aufnahme im Internet jederzeit abrufbar.

Und was ist darauf zu hören? Die Aufzeichnung ist eine Minute und 18 Sekunden lang. Sie beginnt mit einem unbekannten Musikstück, vermutlich gespielt auf einem Kornett. Es folgt das von einer Männerstimme gesprochene Kindergedicht »Mary had a little lamb«. Dann kündigt eine Frau den Kinderreim »Old Mother Hubbard« an, der wiederum von der Männerstimme rezitiert wird. Am Ende der Aufnahme hört man ein deutliches Lachen – der Rezitator hatte sich versprochen.

Die erste Musikübertragung der Welt?

Als Sohn eines Bahnhofsvorstehers kam der 1873 geborene Österreicher Otto Nußbaumer bereits früh mit Elektrotechnik in Kontakt. Schon als Kind lernte er das Morsealphabet und beherrschte die Kunst der Telegraphie. Nach der Schulzeit absolvierte er eine Lehre und erwarb handwerkliche Fertigkeiten bei einem Elektromechaniker. Während des anschließenden Studiums im Maschinenbau besuchte er auch Vorlesungen und Übungen der gerade entstehenden Elektrotechnik. Im Juni 1901 erhielt er die Stelle eines Konstrukteurs am Lehrstuhl für Physik an der Technischen Hochschule in Graz. Sein Professor Albert von Ettingshausen förderte die Verbindung von praktischer Physik und Elektrotechnik – eine wichtige Vorrausetzung für die nachfolgende Entwicklung.

Im Jahr 1902 begann Otto Nußbaumer, sich mit drahtloser Telegraphie zu beschäftigen. Bei Versuchen zum Thema Resonanz gelang es ihm, durch Kombination eines Lichtbogens (nach Duddell) und eines Schwingkreises (nach Braun) einen modulierbaren Sender zu bauen. Für den Empfang dieser Ausstrahlungen gab es zu diesem Zeitpunkt jedoch kein geeignetes technisches Gerät – der Detektorempfänger wurde erst einige Jahre später erfunden. Nußbaumer experimentierte auch dazu. Bei Versuchen mit erhitztem Eisenpulver gelang es ihm, eine geeignete Empfangseinrichtung zu bauen. Diese funktionierte wie ein Detektorempfänger und machte erstmalig das Hören der übertragenen Information möglich. In der Herstellung eines funktionsfähigen Empfängers liegt die besondere Leistung von Nußbaumer.

Am 15. Juni 1904 zeigte Nußbaumer Professor von Ettingshausen die Ergebnisse seiner Forschung. Dabei übertrug er Musik aus dem Grammofon und sang das Dachsteinlied. Die überbrückte Entfernung betrug einige Meter – durch mehrere Zimmer und geschlossene Türen hindurch. Es war die vermutlich erste Musikübertragung der Welt.

Obwohl von Ettingshausen ihn dazu aufforderte, beantragte Otto Nußbaumer für seine Erfindung keine Patente. Vermutet wird, dass ihm die Funktionsweise seines Aufbaus nicht vollständig klar war und damit eine genaue Beschreibung und weitere Verbesserungen nur schwer möglich waren.

Heute steht der originale Apparat von Otto Nußbaumer im Technischen Museum in Wien. Anlässlich der 100-Jahr-Feier der Erfindung wurden Sender und Empfänger im Jahr 2004 wieder in Betrieb genommen – und funktionierten. Wie es wohl klingt?

Ein Bund für den Funk

Im Juni 1919 erhielten zahlreiche deutsche Militärfunker eine in der bisherigen Geschichte einmalige Werbeschrift: den Aufruf zur Bildung des Deutschen Funkerbundes. Was war geschehen?

Schon während des Ersten Weltkrieges nahm die drahtlose Kommunikation eine zunehmend wichtige Rolle ein. Im Deutschen Heer waren Tausende Funker ausgebildet worden. Diese Militärfunker beherrschten nicht nur das Morsealphabet, sondern waren auch in technischen Fragen des Sendens und Empfangs der elektromagnetischen Welle kundig.

Mit dem Ende des Krieges kam die Novemberrevolution. Überall bildeten sich Arbeiter- und Soldatenräte, welche die Macht im Lande übernehmen wollten. Über die Hauptfunkstelle in Königs Wusterhausen verbreiteten sie ihre revolutionären Nachrichten.

Für die Bündelung der Funkaktivitäten hatte sich im November 1918 die Zentralfunkleitung gegründet. Diese wollte ein eigenes Nachrichtennetz aufbauen und so auch den Militärfunkern eine zivile Zukunft bieten. Es folgten wochenlange Auseinandersetzungen zwischen Arbeiterräten, politischen Parteien und staatlichen Institutionen.

Erfolg hatte die Zentralfunkleitung nicht. Mit der Bildung der Reichsfunk-Betriebsverwaltung im Februar 1919 hatte der Staat die Macht über das Funkwesen zurückerlangt. Doch der Wunsch einer vom Staat unabhängigen Selbstverwaltung des Funkwesens war geboren und so entstand die Idee zur Gründung des Funkerbundes. Ersten Initiativen im Mai folgte im Juni 1919 die Verbreitung eines Flugblattes. Darin heißt es: »Sturm! Deutsche Funker! Organisation ist die Forderung der Zeit! Schließt Euch fest zusammen! Tretet dem Deutschen Funkerbund bei, der die Gesamtheit der deutschen Funker auf das tatkräftigste vertritt!«

Am 4. Juli 1919 wurde in Berlin der Funkerbund gegründet. Er verstand sich als politisch neutraler Interessenverband, der – Hand in Hand mit den Gewerkschaften und unabhängigen gesellschaftlichen Kräften – die Nutzung der drahtlosen Telegraphie für den nationalen Funkverkehr durchsetzen wollte. Dazu sollten Verlage, Behörden und interessierte Wirtschaftsunternehmen vom Funkerbund mit Empfangsgeräten ausgestattet werden, um zentral gesendete Informationen empfangen zu können. Der Betrieb und die Kontrolle dieser Anlagen sollten allerdings dem Funkerbund obliegen – ein Vorhaben, das für erhebliche Irritationen gesorgt haben dürfte.

In einem Brief des Deutschen Funkerbundes an das Reichspostministerium vom Sommer 1919 wurde auf die besonderen Fähigkeiten der Funker und die Bedeutung der Funkentelegraphie für die Gesellschaft hingewiesen. Dem Reichswehrministerium teilte der Funkerbund mit, dass er als unpolitische Interessenvertretung das Recht auf Koalitionsfreiheit in Anspruch nehme.

In Regierungskreisen trafen die Vorhaben der Funker auf erhebliche Bedenken. Die beteiligten Ministerien mögen die Chance vielleicht erkannt haben, die Fähigkeiten und Kenntnisse der Militärfunker in einer privatwirtschaftlichen Organisation für ein leistungsfähiges Funkwesen in Deutschland zu nutzen. Die vermeintliche Gefahr aber, die Kontrolle über die Funkwellen zu verlieren und deren Nutzung einer selbstorganisierten Vertretung zu überlassen, führte zu großem Misstrauen. Und so wurden die Anerkennung des Funkerbundes als Interessenvertretung und die Umsetzung seiner Vorhaben zum Aufbau eines Funkwesens im Herbst 1919 abgelehnt. Erst mit der Einführung des öffentlichen Rundfunks 1923 wurde die private Nutzung der Radiowellen erlaubt.

Und die Militärfunker? Die haben mit großer Sicherheit ihre Kenntnisse genutzt, um heimlich Radio zu hören – als Zaungäste vielleicht auch 1920, als die erste Rundfunksendung aus Königs Wusterhausen zu hören war.

Der Erste Funk-Hack der Welt

Guglielmo Marconi wurde am 25. April 1874 im italienischen Bologna geboren. Durch mehrere Umzüge bedingt, besuchte er Schulen in England und Italien oder erhielt Privatunterricht.

Die Zulassung zum Studium blieb ihm verwehrt, trotzdem besuchte er 1892 einige Vorlesungen von Augusto Righi und Bernardo Dessau. Als Assistent bei Professor Vincenzo Rosa erlernte er in Bologna die Benutzung verschiedener elektrischer Geräte und experimentierte erstmalig mit einem Kohärer. Auch gab ihm Rosa Privatunterricht in Physik, Chemie und Elektrotechnik.

Im Haus seines Vaters – einem wohlhabenden Grundbesitzer – richtete Marconi ein Labor ein und begann, mit elektromagnetischen Wellen zu experimentieren. 1895 gelang es ihm, die Signale eines Knallfunkensenders in etwa zwei Kilometern Entfernung zu empfangen. Bereits hier zeigte sich die Fähigkeit Marconis, vorhandene Geräte und Technologien miteinander zu kombinieren und durch kontinuierliche Experimente zu verbessern.

Im Frühjahr 1896 zog Marconi nach London. Dank der Beziehungen seiner Mutter kam er schnell in Kontakt mit den gesellschaftlichen Persönlichkeiten und konnte seine Versuche bekannt machen. Am 2. Juni 1896 beantragte er in London ein Patent über die drahtlose Übertragung von Informationen mit einem Sender und einem Empfänger und erhielt es ein Jahr später, am 2. Juli 1897, zugesprochen. Damit besaß er zu diesem Zeitpunkt das weltweit erste Patent für drahtlose Telegraphie.

Doch Guglielmo Marconi hatte nicht nur die wissenschaftlich-technische Anerkennung, sondern auch die wirtschaftliche Nutzung seines Patentes zum Ziel. Mit seiner Marconi's Wireless Telegraph Company baute er in den folgenden Jahren ein Funkimperium auf. Mit technischem Erfolg und geschicktem Marketing gelang es ihm, in der Telegraphie über große Entfernungen weltweit erfolgreich zu sein. Dabei warb er auch mit einer zuverlässigen Übertragung, die sich nicht verfälschen lässt.

Um dies zu beweisen, führte er am 4. Juni 1903 ein Funkexperiment durch. Dabei sollte im Rahmen einer Vorlesung vor der Royal Society eine Nachricht aus dem 420 Kilometer entfernten Cornwall nach London übertragen werden.

Was Marconi nicht ahnte: Der Engländer Nevil Maskelyne hatte wenige Hundert Meter vom Empfänger entfernt einen Sender aufgebaut. Etwa 15 Minuten vor der geplanten Übertragung begann er, damit zu senden – und der Marconi-Empfänger empfing den unerwünschten Text. Marconi war blamiert, er war dem ersten Hack der Funkgeschichte zum Opfer gefallen.

Dem weltweiten Siegeszug der Nachrichtenübertragung per Funk schadete dieses Ereignis nicht. Und für sein Wirken erhielt Guglielmo Marconi im Jahr 1909 zusammen mit Ferdinand Braun den Nobelpreis für Physik.

1923 trat Marconi der faschistischen Partei Italiens bei. Die fatalen Auswirkungen dieses Regimes und den Beginn des Zweiten Weltkrieges erlebte Marconi nicht mehr. Er starb am 19. Juli 1937 in Rom.

Die fliegende Oper

Der 8. Juni 1921 war ein Mittwoch. In der Staatsoper Berlin wurde – wie an Wochentagen üblich – eine Oper in dritter Besetzung aufgeführt. Doch diese »Madame Butterfly« sollte etwas ganz Besonderes werden.

Als die drahtlose Übertragung von Sprache und Musik zum Anfang des 20. Jahrhunderts begann, mussten die als Mikrofon verwendeten Sprechkapseln der Telefone direkt neben der Sendeeinrichtung stehen. Mit dem Aufkommen der ersten Röhrenverstärker konnte sich zwischen Mikrofon und Sender immerhin schon ein Raum befinden. Eines aber blieb vorerst: Sprache und Musik entstanden immer am Ort der Sendestelle.

Allerdings gab es an den Standorten der Sender keine Möglichkeit, ein großes Orchester oder gar eine Oper aufzuführen. So kam es zu der Idee, die Musik für das Radio dort aufzunehmen, wo sie entsteht – in den Theatern und Opernhäusern.

Erste Versuche dazu hatte es schon drahtgebunden gegeben. In Paris und London wurde mit dem Theatrophon ab 1890 eine telefonartige Übertragung angeboten. Der technische Aufwand war enorm, Qualität und Nutzeranzahl aber blieben beschränkt. Obwohl kommerziell nicht erfolgreich, blieb das System bis etwa 1925 in Betrieb.

In München wurde zur Internationalen Elektrizitätsausstellung 1882 ein drahtgebundenes Übertragungssystem installiert, mit dem später auch Fernsprechteilnehmer Aufführungen aus dem Opernhaus verfolgen konnten. In Frankfurt (Main) erhielt 1883 der Landgraf von Hessen eine Direktleitung in die Oper. In Berlin war es die Urania, in der ab 1896 drahtgebunden Aufführungen aus der Staatsoper gehört werden konnten. Und auch der Kronprinz von Preußen erhielt einen eigenen Anschluss an die Oper.

Die Erfahrungen dieser Übertragungen nutzte Wilhelm Hahn vom Telegraphentechnischen Reichsamt in Berlin für Versuche, Aufführungen aus der Staatsoper auf drahtlosem Wege zu übertragen. Anfänglich wurde dazu ein kleiner Versuchssender im Telephonielabor in der Neuen Friedrichstraße genutzt. Diese Sendungen konnten in einigen Teilen Berlins und auch in der Empfangsstelle Döberitz verfolgt werden.

Nun aber sollte richtig gesendet werden und dazu bot sich der leistungsstarke Telephoniesender in Königs Wusterhausen an. Doch wie sollte das Signal dorthin gelangen? Im Telefonverkehr der 1920er Jahre wurden die Verbindungen über Doppeladern realisiert, die im Fernamt geschaltet wurden. Genau diese Technologie sollte nun auch für die Programmzuführung verwendet werden.

Aus der Staatsoper Unter den Linden gab es bereits eine Leitung über das Fernamt zum Telephonielaboratorium. Von dort wurde eine Verbindung über das Haupttelegraphenamt in der Oranienburger Straße weiter nach Königs Wusterhausen geschaltet. Um eine ausreichende Signalstärke zu erlangen, wurden die Tonsignale im Telephonielabor verstärkt.

Eine besondere Aufmerksamkeit legte Wilhelm Hahn auf die in der Oper verwendeten Mikrofone. Vorerst standen nur die im Telefonverkehr üblichen Kohlekörner-Mikrofone zur Verfügung. Um eine ausreichende Lautstärke zu erreichen und sowohl Gesang als auch Instrumente übertragen zu können, wurden insgesamt fünf Mikrofone an Bühne und Orchestergraben aufgestellt. Erste Übertragungen von Proben fanden am 2. und 6. Juni 1921 statt.

Und dann war es soweit: Am 8. Juni 1921 wurde mit »Madame Butterfly« erstmalig aus der Staatsoper Berlin übertragen. Diese Sendung gilt als die erste gelungene Übertragung einer Oper in Deutschland.

Obwohl die Sendung nicht offiziell angekündigt wurde, gab es zahlreiche Empfangsbestätigungen aus vielen Teilen Europas. Begeistert schilderten die Hörer die gute Qualität der Übertragung. Auch in der Berliner Tagespresse vom 9. Juni finden sich zahlreiche positive Berichte.

Nicht so erfreut war die Generalverwaltung der Staatstheater. Diese hatte den Versuchen vorab zwar zugestimmt, war über die Sendung vom 8. Juni aber nicht unterrichtet worden. Das Technische Reichsamt verwies in seiner Antwort auf die doch unzureichende Qualität der Übertragung, die dem Kunstgenuss abträglich sei und für eine Vorführung nicht taugte.

Und noch eine Erkenntnis brachten die ersten Versuche: Auf den Verbindungen aus der Staatsoper zum Telephonielaboratorium gab es immer wieder Schwankungen in der Lautstärke. Als Ursache wurde vermutet, das sich im dazwischen befindlichen Fernmeldeamt heimlich Zuhörer auf die Leitung geschaltet hatten. Auch diese dürften die Musik genossen haben.

In den nachfolgenden Jahren entwickelte sich die als Fernbesprechung bezeichnete Programmzuführung rasant weiter. In ganz Deutschland entstand ein Netz von speziell geschalteten Fernleitungen, welche die Übertragung von Programmen zu den Sendern über Hunderte Kilometer ermöglichten. Die ab 1923 entstehenden, offiziellen Rundfunksender übertrugen nahezu täglich aus den verschiedenen Opern- und Konzerthäusern. Und mit der Einführung der Reisz-Mikrofone war die mangelnde Qualität in der Aufnahme ab 1925 praktisch gelöst.

Und in noch einer Hinsicht war die erste Opernübertragung bedeutsam: Mit der Fernbesprechung war die Vorraussetzung für etwas geschaffen, was den Rundfunk bis heute ausmacht – die Übertragung von Ereignissen unabhängig vom Ort. Tausende und später Millionen Hörer waren dabei, wenn Fußball gespielt, geboxt oder gerudert wurde, wenn Politiker Reden hielten oder ein Monarch abdankte. An einem entfernten Ort und trotzdem dabei zu sein wurde allgegenwärtig.

Übrigens: Auf dem Funkerberg Königs Wusterhausen hat der Museumssender welle370 die vermutlich kürzeste Fernbesprechungsleitung Deutschlands. Der Abstand zwischen Studio und Mittelwellensender beträgt weniger als 50 Meter.

Zeitzeichen für alle

Wie spät ist es? Diese Frage kann im 21. Jahrhundert dank technischer Hilfsmittel zu jeder Zeit und an jedem Ort beantwortet werden. Doch wie ermittelt man die Zeit, wenn es keine Uhr gibt?

Eine natürliche, zeitliche Einteilung eines Tages bildet der Lauf der Sonne. Der Sonnenaufgang, der höchste tägliche Scheitelpunkt und der Sonnenuntergang sind deren markanteste Ereignisse. Erste Sonnenuhren entstanden schon etwa 4.000 Jahre v. Chr. Über viele Jahrhunderte waren sie die wichtigsten Zeitgeber – und die einige Minuten genaue Bestimmung der Zeit war vollkommen ausreichend.

Auch die Zeiteinteilung selbst war über die Jahrhunderte unterschiedlich. Etwa im 13. Jahrhundert setzte sich die Einteilung des Tages in zwölf Tag- und zwölf Nachtstunden jeweils gleicher Länge durch. Und im 14. Jahrhundert kamen die ersten mechanischen Uhren auf, die eine Zählung der Stunden über einen ganzen Tag ermöglichten.

Noch aber war die Uhrzeit an jedem Ort anders – denn Uhren konnten nur ortsbezogen am Stand der Sonne gestellt werden. Erste Einrichtungen zur örtlichen Zeitsynchronisation wurden so die Turmglocken – ihr Schall konnte einige Kilometer weit reichen und gab in diesem Umkreis die Zeit an.

Mit fortschreitender Entwicklung der Technik wurde die Notwendigkeit der zeitlichen Synchronisation immer drängender. Spätestens die Entwicklung der Eisenbahn erlaubte so schnelle Ortswechsel, dass die lokal unterschiedlichen Uhrzeiten auffielen. So wurde ab Mitte des 19. Jahrhunderts der Zeitabgleich über die drahtgebundene Telegraphie sichergestellt.

Einem Verkehrsbereich half das jedoch nicht: der Schifffahrt. Hier war die Uhrzeit Ausgangspunkt für Positionsermittlung und Navigation. Eine Minute Zeitabweichung bedeuten auf dem Meer viele Kilometer Ungenauigkeit. Und auch die auf Schiffen üblichen Chronographen mussten und müssen gestellt werden. So kam es, das im Jahr 1898 der britische Instrumentenmacher Howard Grubb erstmalig die Synchronisation von Uhren per Funk vorschlug.

Die ersten, noch nicht standardisierten Zeitsignale wurden im Jahr 1903 von der United States Navy ausgestrahlt. Im kanadischen Halifax sollen die ersten Zeitinformationen im Jahr 1907 ausgestrahlt worden sein. Und in Europa wurden Zeitinformationen ab 1910 vom Pariser Eiffelturm und auch von Norddeich Radio in Form des Morsecodes übertragen. Als Quelle für die genaue Zeit dienten in allen Fällen Observatorien, die mit astronomischen Mitteln die Zeit bereits auf die Zehntelsekunde genau ermitteln konnten.

Allerdings fehlte es an einem einheitlichen System zur Übermittlung. In den Jahren 1912 und 1913 fanden in Paris die ersten internationalen Zeitkonferenzen statt, auf denen man sich grundsätzlich auf ein einheitliches System verständigte. Dieses ONOGO genannte Zeitsignal bestand aus einer festgelegten Reihenfolge von kurzen und langen Tönen, durch welche die jeweilige Zeit codiert übertragen wurde. Als Zeitbasis diente die Greenwich-Zeit.

Die Übertragung des ONOGO Zeitsignals dauerte insgesamt zehn Minuten und wurde in Deutschland mehrmals täglich von der Küstenfunkstelle Norddeich ausgestrahlt. Ab 1917 wurde die Übertragung von der Sendestelle Nauen übernommen.

Auch für die Empfängerseite entstanden zahlreiche Ideen. Spezielle Zeitsignalempfänger benutzen anfänglich große Rahmenantennen und konnten über aufwendige mechanische Systeme eine genau gehende Pendeluhr synchronisieren. Andere Lösungen sahen die Einstellung der Uhr per Hand vor, worunter jedoch die Genauigkeit litt.

Schon im Jahr 1926 stellten die Gebrüder Junghans eine Uhr vor, die sich per Funksignal selbstständig regulierte, und erhielten dazu mehrere Patente. In den Handel kam die geplante Tischuhr jedoch wie viele andere Erfindungen dieser Zeit nicht. Und für den Radiohörer blieb es über viele Jahrzehnte beim stündlich ausgestrahlten Stundenpieps.

Erst die rasante Entwicklung der Elektronik sollte den nächsten Schritt ermöglichen. Wolfgang Hilberg meldete im Jahr 1967 ein Patent an, in dem er ein Verfahren zur laufenden Übermittlung der Uhrzeit beschrieb. Auf dieser Grundlage wurde das noch heute gültige Zeitsignal DCF77 entwickelt.

Der Sender Mainflingen bei Frankfurt (Main) hatte bereits im Jahr 1959 damit begonnen, für einige Stunden am Tag ein Zeitsignal sowie Zeitmessmarken zu übertragen. Ab dem 1. September 1970 begann man ganztägig mit der Aussendung eines Zeitsignals, sodass Uhren im Gleichlauf gehalten werden konnten.

Und am 5. Juni 1973 war es dann soweit: Seit diesem Tag erfolgt von Mainflingen aus die vollständige Aussendung von Uhrzeit und Datum in Form eines kodierten Signals. Mit 50 Kilowatt Leistung hat der Sender eine Reichweite von etwa 2.000 Kilometern und ist von Nordafrika bis an den Nordpol zu empfangen. Dank einer Cäsium-Normalzeituhr der Physikalisch-Technischen Bundesanstalt in Braunschweig als Zeitquelle hat das Signal eine Abweichung von einer Sekunde – in einer Million Jahre.

Der Empfang war anfänglich sehr aufwendig und die Nutzung vorerst behördlichen Stellen sowie der Industrie vorbehalten – und lizenzierten Funkamateuren. Von diesen stammen auch erste, selbst gebaute stationäre Funkuhren. Im Jahr 1978 wurde der Empfang dann genehmigungsfrei.

Und wieder war es die Firma Junghans, die Geschichte schrieb. Bereits 1984 kam mit der RC-1 eine batteriegespeiste Quarzuhr mit Zeitsynchronisation über das DCF77-Signal auf den Markt. Und im Jahr 1990 wurde die MEGA 1 vorgestellt – die erste Funkarmbanduhr der Welt.

Heute gibt es viele Alternativen zum Funkuhrensignal. Im Rundfunk wird die Zeit im RDS-Signal übertragen. Das GPS-Signal der Navigationssatelliten enthält ebenfalls die Zeit und im Internet hat die Übermittlung der Zeit ein eigenes Protokoll.

Eines aber hat sich nicht geändert: Der Tag hat 24 Stunden. Ungefähr.

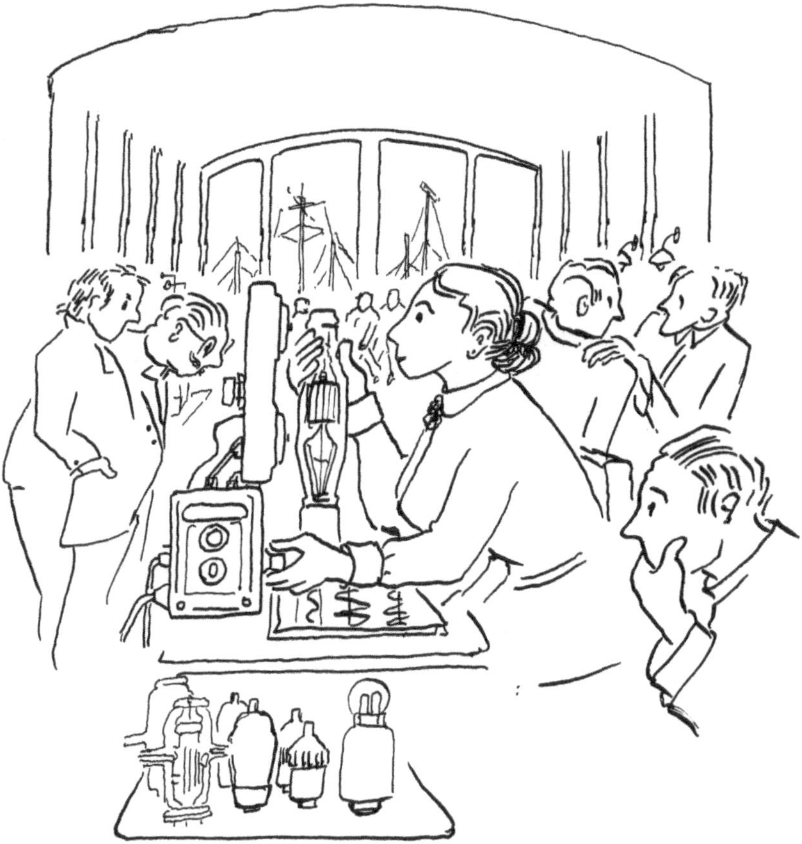

Eine Rundfunkpionierin

Im Jahr 1900 ließ das Großherzogtum Baden erstmals Frauen offiziell zum Studium zu. Acht Jahre später durften sich auch in Preußen Frauen an Hochschulen immatrikulieren. Im Sommersemester 1909 waren unter den fast 700 Studierenden an Berliner Universitäten im Bereich Mathematik und Naturwissenschaften immerhin 41 Frauen zu finden. Eine von ihnen war Isolde Hausser.

Isolde Hausser wurde am 7. Dezember 1889 in Berlin als Isolde Ganswindt geboren. Ihr Vater – ein technisch begabter Erfinder und Fabrikant – ermöglichte seiner Tochter schon früh Einblicke in die Welt der Technik.

Nach dem Besuch der höheren Töchterschule ging sie ab 1903 auf das neu gegründete und erstmals für Mädchen zugängliche Realgymnasium der Chamisso-Schule in Berlin-Schöneberg und machte dort 1909 ihr Abitur. Im anschließenden Studium an der Berliner Universität besuchte sie Vorlesungen und Praktika von Max Planck, dem Begründer der Quantenphysik. Bei Arthur Wehnelt kam sie das erste Mal mit der frühen Form der Elektronenröhre in Kontakt. Ihr Wunsch, beim Direktor des Physikalischen Instituts, Heinrich Rubens, ihre Doktorarbeit anzufertigen, schlug jedoch fehl – aufgrund einer schlechten Erfahrung hegte dieser Vorurteile gegen Frauen in der Wissenschaft. Dennoch erwarb die junge Physikerin am 23. Juli 1914 mit ihrer Arbeit »Erzeugung und Empfang kurzer elektrischer Wellen« den Doktortitel und begann im August 1914, bei der Firma Telefunken in der Röhrenabteilung zu arbeiten. Hier lernte sie 1916 Karl Wilhelm Hausser kennen und heiratete ihn 1918.

15 Jahre lang war Isolde Hausser in der Röhrenentwicklung bei Telefunken tätig. Sie trug maßgeblich zur Verbesserung dieses – für den Rundfunk so wichtigen – Bauelementes bei. Einige ihrer Forschungsergebnisse dürften in einem Telefunken-Patent verbrieft sein, ohne dass ihr Name damit im Zusammenhang steht. Und in der Festzeitschrift anlässlich des 25-jährigen Telefunkenjubiläums findet sich lediglich ein Satz, in dem sie als »Hauptstütze der Röhrenentwicklung« bezeichnet wird.

Nach dem frühen Tod ihres Mannes führte Isolde Hausser dessen Forschungsarbeiten im Bereich Medizin fort. Dabei entdeckte sie die Wirkung des langwelligen ultravioletten Lichtes auf die menschliche Haut und trug damit zur Einführung der klassischen Kurzwellenbehandlung bei.

Unter großen Schwierigkeiten war sie auch in den kommenden Jahrzehnten als Forscherin tätig – als Frau musste sie immer mehr leisten als die sie umgebenden Männer. Bis zu ihrem Tod im Jahr 1951 veröffentlichte sie dennoch insgesamt 23 wissenschaftliche Abhandlungen. Anerkennung erfuhr sie durch die Berufung zum Wissenschaftlichen Mitglied der Kaiser-Wilhelm-Gesellschaft.

Im Jahr 2011 wurde am Südhang des Funkerberges von Königs Wusterhausen ein neues Wohngebiet erschlossen, dessen Straßen nach Pionieren der Funktechnik benannt wurden. Und so erhielt die Rundfunkstadt Königs Wusterhausen die erste Isolde-Hausser-Straße der Welt.

Der funkende Zahnarzt

Bereits Mitte des 19. Jahrhunderts gab es zahlreiche Anwendungen der drahtgebundenen Telegraphie. In England wurde 1837 eine Signalleitung für eine Eisenbahnstrecke in Betrieb genommen. Zwischen Bremen und Bremerhaven nahm 1847 eine 68 Kilometer lange Telegraphiestrecke ihren Dienst auf. Und mit einer Seekabelverbindung konnten im Jahr 1858 erstmals Informationen zwischen Europa und Amerika in Echtzeit übermittelt werden. Eines hatten all diese Lösungen gemeinsam: Sie benötigten eine physische Verbindung.

Das wahrscheinlich erste Patent zur drahtlosen Telegraphie aber wurde am 30. Juli 1872 dem amerikanischen Zahnarzt Mahlon Loomis zugesprochen.

Die Beobachtung der gewaltigen Energie von Blitzen hatte Mahlon Loomis veranlasst, über deren Nutzung nachzudenken. Er vermutete, dass sich in den oberen Luftschichten sehr viel elektrische Energie befindet. Diese wollte er auf die Erde leiten und dort nutzbar machen. Im Herbst 1866 experimentierte Loomis in den Bergen von Blue Ridge in Virginia. In seinen Aufzeichnungen beschreibt Loomis ein System, das er auf zwei etwa 600 Meter hohen Berggipfeln installierte. Mit Hilfe von Drachen wurde dabei auf beiden Bergen jeweils ein etwa 180 Meter langer Draht in der Luft gehalten. Das untere Ende des Drahtes wurde über eine Spule mit der Erde verbunden, ein Galvanometer zeigte den Stromfluss durch den Draht an.

Zu festgelegten Zeiten wurde nun bei einem Draht die Verbindung mit der Erde unterbrochen. In dem Draht auf dem anderen Berg war zeitgleich die Veränderung auf dem Galvanometer nachweisbar. Den Aufzeichnungen von Loomis zufolge konnte dieses Verhalten wechselseitig und wiederholt über eine Entfernung von etwa 20 Kilometern nachgewiesen werden. Eine schlüssige Erklärung für das beobachtete Ergebnis hatte der funkende Zahnarzt allerdings nicht.

Ein Jahr nach Erteilung des Patentes versuchte Loomis, beim Kongress eine Förderung seiner Forschungen zu erhalten. In seinem Antrag beschrieb er, dass sich Energie in den höheren Luftschichten wie Wellen auf der Wasseroberfläche ausbreitet. Wie eine Welle am entfernten Ufer eines Sees könne deshalb die damit verbundene Information auch in großer Entfernung empfangen werden. Der Kongress lehnte eine Unterstützung der als »wilder Traum« bezeichneten Idee von Loomis jedoch ab.

Wie nahe Mahlon Loomis der Wahrheit mit seiner Beschreibung der Ausbreitung in Wellenform tatsächlich kam, war ihm mit Sicherheit nicht bewusst. Erst die theoretische Vorhersage von James Clerk Maxwell, der Nachweis der elektromagnetischen Welle durch Heinrich Hertz, die Experimente von Guglielmo Marconi und die Erfindungen von Ferdinand Braun machten die drahtlose Telegraphie über Hunderte Kilometer Entfernung möglich.

Heute, mehr als 151 Jahre nach Loomis, ist die Nutzung der elektromagnetischen Welle zur drahtlosen Übertragung von Informationen allgegenwärtig wie selbstfahrende Autos, intelligente Computer oder das Hoverboard. Irgendwann.

Mehr Sender gab es wohl nie

Eine zwei Kilometer lange Antennenanlage, Magnetspulen mit über 200 Tonnen Gewicht, eine vier Tonnen schwere Lichtbogenstrecke aus Bronze und gigantische 2.400 Kilowatt Leistung. Mehr Sender gab es wohl nie. Die gigantische Anlage stand in Malabar auf Java, heute Indonesien.

In den ersten Jahren der Nachrichtenübertragung per Funkwelle war die Physik der Wellenausbreitung weitestgehend unbekannt. Dass die Größe der Sendeleistung mit der erzielbaren Reichweite in direktem Zusammenhang steht, war bereits bewiesen. Man ging davon aus, dass sich sehr tiefe Sendefrequenzen besonders gut über weite Strecken ausbreiten. Beide Erkenntnisse führten dazu, dass Längstwellensender mit großer Leistung für Verbindungen über weite Entfernungen als sicherste Übertragungsart galten.

Im Jahr 1916 beschrieb der Techniker und Funkpionier Cornelis Johannes de Groot in seiner Doktorarbeit die Idee, mit großer Sendeleistung eine Direktverbindung zwischen den Niederlanden und der Kolonie Niederländisch-Indien zu realisieren. Die Idee überzeugte und so wurde 1918 mit ersten Übertragungsversuchen begonnen. Mit einem 100 Kilowatt-Poulsen-Lichtbogensender, dessen Stromversorgung provisorisch durch einen Flugzeugmotor erfolgte, gelangen Verbindungen über eine Strecke von etwa 15.000 Kilometern. Von diesem Erfolg bestätigt, begannen im Jahr 1922 die Bauarbeiten für eine riesige Sendeanlage. Als Standort fiel die

Wahl auf die Malabar-Schlucht in einem Gebirge, 30 Kilometer südlich der Stadt Bandung. Unter Leitung von de Groot und einem Team europäischer Ingenieure errichteten überwiegend einheimische Bauarbeiter und Techniker die Sendeanlage Malabar.

Am unteren Ende der Schlucht wurde ein Felsplateau durch Sprengungen erweitert, um Platz für die benötigten Gebäude zu schaffen. Die Fundamente wurden massiv mit Beton gegossen. Nachdem die schwersten Senderteile auf ihren Fundamenten montiert waren, wurde das Senderhaus um den Sender herum als Fachwerkhaus in Holzkonstruktion ausgeführt.

Der Lichtbogensender bestand aus einem etwa fünf Meter hohen Magneten mit einem Gewicht von über 200 Tonnen. Sein Magnetfeld umhüllte eine Lichtbogenstrecke, die etwa sechs Tonnen wog. Sie war aus Bronze gefertigt und wurde mit Wasserstoff gekühlt. Ergänzt wurde der Sender durch zahlreiche Einrichtungen zur Antennenanpassung, zur Energieversorgung und zur Kühlung.

Die Lage in einem Tal ermöglichte es, eine riesige Bergantenne zu installieren. Dafür wurden mit massiven Stahlseilen in verschiedenen Höhenlagen Querverbindungen von einer Hangseite zur anderen gezogen, an denen die eigentliche Antenne befestigt werden konnte. Vom Senderhaus führten mehrere daumendicke Antennenseile zum ersten Querseil in etwa 700 Meter Höhe. Von hier aus erstreckte sich die Antenne mit einer Breite von 280 Metern das Tal hinauf bis zum obersten Halteseil. Die Länge betrug insgesamt etwa zwei Kilometer.

Um den ungeheuren Energiebedarf des Senders Malabar zu stillen, wurde etwa 20 Kilometer entfernt ein eigenes Kraftwerk mit Dampfgeneratoren gebaut. Ein Wasserkraftwerk ergänzte die Stromerzeugung für Beleuchtung und Betriebsmittel. Über eine Freileitung wurde die Energie zur Sendestation transportiert.

Im Juli 1923 wurde der Sender mit dem Rufzeichen PKX in Betrieb genommen. Im Telegraphiebetrieb wurden auf der Frequenz 49,2 Kilohertz Informationen zur 11.500 Kilometer entfernten niederländischen Großstation Kootwijk übertragen. So richtig zufrieden waren die Betreiber mit der Verbindung jedoch nicht – es kam immer wieder zu nicht ergründbaren Übertragungsstörungen.

Einem möglichen Umbau kamen die neuen Erkenntnisse über den Kurzwellenfunk zuvor. Funkamateure hatten entdeckt, dass in bestimmten Frequenzbereichen zu bestimmten Zeiten mit einem Bruchteil der bisherigen Sendeleistung Verbindungen um die ganze Welt möglich waren. Das führte dazu, dass bereits 1927 die Sendeanlage Malabar durch eine Kurzwellenstation ersetzt wurde.

Heute existiert von der Station bis auf ein paar Betonreste nichts mehr. Die Natur hat das Malabar-Tal zurückgewonnen.

Wahnsinn und Genie

»Wahnsinn und Genie gehen Hand in Hand«, singt Udo Lindenberg. Auf wen könnte die Liedzeile besser zutreffen als auf diesen Erfinder: Nikola Tesla.

Nikola Tesla wurde am 10. Juli 1856 in Smiljan im heutigen Kroatien geboren. Als Sohn eines orthodoxen Priesters war sein Lebensweg eigentlich vorgezeichnet. Doch schon früh in seinem Leben offenbarte sich sein technisches Interesse. Er widersetze sich dem Wunsch seines Vaters und begann 1875 in Graz zu studieren.

Sein Eifer kannte anfangs kaum Grenzen und so absolvierte er das Grundstudium in einem Jahr anstatt der üblichen zwei. Er belegte Kurse in Mathematik, Chemie, Geologie und schloss das erste Studienjahr mit neun Examen erfolgreich ab. Der Elan schwand aber im zweiten Studienjahr und nach dem dritten musste Tesla sogar exmatrikuliert werden. Die verführerische Seite des Lebens hatte ihn gefangen: Er begann zu spielen.

Die Wende kam mit dem Tod seines Vaters im Jahr 1879. Tesla nahm eine Stellung als Aushilfslehrer an, studierte 1880 einige Monate in Prag und wurde 1881 in Budapest Techniker im Telegraphenamt. 1882 begann er für die Firma Edison in Paris zu arbeiten, 1884 zog er nach New York. Seine Beschäftigung hier dauerte jedoch nur wenige Monate – ein grundlegender Konflikt wurde bereits zu diesem Zeitpunkt deutlich.

Zum Ende des 19. Jahrhunderts begann die elektrische Energie ihren Siegeszug durch die Welt. In Amerika war es Thomas Edison, der ein vollständiges System aus Erzeugung, Verteilung und Anwendung von elektrischer Energie bereitzustellen vermochte. Allerdings konnte Edison nur eine örtliche Nahversorgung von wenigen Kilometern realisieren, denn er benutze ein Gleichspannungssystem. Das Problem der örtlichen Begrenzung hat Wechselspannung nicht – allerdings fehlte zu diesem Zeitpunkt eine Lösung für die technische Umsetzung.

An dieser Stelle kam Nikola Tesla ins Spiel. Bereits 1882 hatte er in Budapest Ideen für die Anwendung von zweiphasiger Wechselspannung entwickelt und mit der Firma Westinghouse nun endlich einen interessierten Partner gefunden. 1888 beschrieb Tesla in sieben Patenten die Grundlagen für die Stromversorgung mit Wechselspannung – und der Stromkrieg mit Edison begann.

Im Jahr 1893 wurde die Weltausstellung in Chicago mit 100.000 Glühbirnen erleuchtet – betrieben mit Wechselspannung von Westinghouse. Und als 1895 ein Kraftwerk an den Niagarafällen die 30 Kilometer entfernte Stadt Buffalo mit elektrischer Energie versorgte, war der Siegeszug des Wechselstroms nicht mehr aufzuhalten. Reich wurde Nikola Tesla damit allerdings nicht – er hatte es versäumt, seine Ansprüche »wasserdicht« geltend zu machen.

Zeit seines Lebens war Nikola Tesla von der Idee überzeugt, die Welt drahtlos mit elektrischer Energie versorgen zu können. Dazu wollte er auf einer Resonanzfrequenz der Erde eine stehende Welle erzeugen. Dank dieser »Weltenergie« sollte es überall möglich sein, elektrische Energie zu nutzen. 1893 hatte er dazu erste Versuche durchgeführt und die Übertragung über etwa einen Meter öffentlich demonstriert. Tesla investierte Hunderttausende, überwiegend geborgte Dollar in die Erweiterung seines Systems. Er erbaute riesige Versuchsstationen – ohne jemals einen wirklichen Erfolg vorweisen zu können.

Teslas Versuche erzeugten die vermutlich größten elektromagnetischen Wellen der damaligen Zeit. Die Funkwellen dürften in großen Entfernungen nachweisbar gewesen sein. Damit Nachrichten zu übertragen, hatte Tesla nicht zum Ziel – und schenkte dieser Funktion keine Beachtung. Zu nutze machten sich dies andere und verdienten damit viel Geld.

Tesla war ein Erfinder, ein Philosoph, aber auch ein Phantast. Er glaubte an die Inspiration bei der Forschung und schuf gigantische Maschinen in seiner Phantasie – konnte aber auch zahlreiche Patente für sich verbuchen. Bis zu seinem Lebensende hielt er an der Idee der drahtlosen Energieübertragung fest und war sogar bereit, die Relativitätstheorie von Einstein dafür anzuzweifeln.

Teslas Wirken inspiriert Menschen bis heute, außergewöhnliche Dinge zu tun. Sie wollen sich davon überzeugen? Geben Sie in die Internetsuche Ihrer Wahl die Begriffe Tesla, Spule, AC/DC und Video ein.

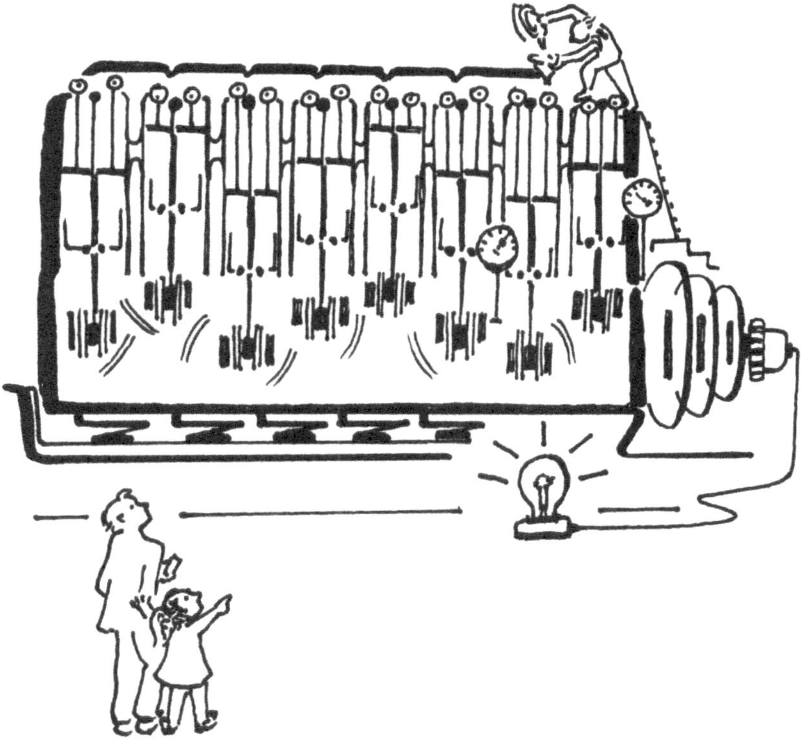

Die Grüne Mauritius der Motorenwelt

56 Tonnen Gewicht, 700 Liter Motorenöl, acht Zylinder, 664 Liter Hubraum, 1.000 PS Leistung und der einzige seiner Art weltweit – die »Grüne Mauritius der Motorenwelt«. Sein Name: VMA 266. Am 15. August 1950 wurde der 1.000-PS-Dieselmotor der Firma Deutz zum ersten Mal in Königs Wusterhausen angelassen. Doch wie kam er dorthin?

Im Jahr 1935 war der VMA 266 am Sender Tegel in Betrieb genommen worden. Über zehn Jahre diente er dort zum Antrieb eines AEG Stromgenerators, der die Stromversorgung des 100.000-Watt-Mittelwellensenders der Firma Telefunken sicherte. Mit dem Ende des Zweiten Weltkrieges wurde der Sender Tegel von der Roten Armee eingenommen und sendete fortan ein Programm für die Sowjetische Militäradministration. Das war den westlichen Siegermächten zunehmend ein Dorn im Auge. So wurde der Sendemast des Senders Tegel am 16. Dezember 1948 gesprengt und der Sender damit betriebsunfähig. Sowjetische und ostdeutsche Techniker demontierten daraufhin innerhalb weniger Tage die komplette Anlage. Der Mittelwellensender wurde nach Königs Wusterhausen gebracht und drei Monate später wieder in Betrieb genommen. Von hier sendete er bis 1993.

Nach dem hastigen Abbau wurde der Deutz-Dieselmotor vorerst in 64 Kisten in Berlin-Adlershof gelagert – auf dem Funkerberg gab es zu diesem Zeitpunkt keine geeignete Aufstellmöglichkeit. Im August 1949 wurde deshalb damit begonnen, das Senderhaus 1 auf dem Funkerberg um eine Dieselhalle für den VMA 266 zu erweitern. Im Frühjahr 1950 wurde das Fundament für den Motor gegossen und anschließend mit der Montage von Motor und Generator begonnen. Seit der Fertigstellung im August 1950 steht der beeindruckende Motor an diesem Platz und sicherte jahrzehntelang die Stromversorgung für die Großsender der Sendestelle Königs Wusterhausen.

Mit der Abschaltung der letzten Sendeanlage Mitte der 1990er Jahre hatte auch der VMA 266 seine Aufgabe verloren. Für einige Zeit stand der Motor still. Doch er sollte eine dritte Chance erhalten.

Im Jahr 1996 öffnete die erste Ausstellung im heutigen Sender- und Funktechnikmuseum auf dem Funkerberg. Schrittweise wurde die Ausstellungsfläche im Senderhaus 1 erweitert und so gelangte auch der Deutz Dieselmotor ins Blickfeld – der Motor sollte sich wieder drehen. Zur Integration in den Museumsbetrieb wurde der 6.000 Volt-AEG-Generator elektrisch abgeschaltet. Der VMA 266 wurde gründlich überprüft, gewartet und erhielt eine kleine Tankanlage. Die Druckluftanlage zum Anlassen bekam eine eigene Prüfvorschrift.

Am 29. Oktober 1998 war es dann soweit: Im Rahmen der Feierlichkeiten zu »75 Jahren Rundfunk in Deutschland« wurde der 1.000-PS-Motor das erste Mal wieder angelassen. Seit diesem Tag begeistert die »Grüne Mauritius der Motorenwelt« Besucher auf dem Funkerberg.

In seinen acht Jahrzehnten war der VMA 266 noch nie kaputt. Damit das auch so bleibt, wird der Motor ständig gepflegt und gewartet. Und wenn es notwendig ist, wird auch das Motoröl gewechselt. 700 Liter.

Die Deutsche Welle

Am 29. August 1924 wurde in Berlin die Deutsche Welle GmbH gegründet. Die Gründung war maßgeblich mit dem Rundfunkpionier Ernst Ludwig Voss verbunden. Schon im Jahr 1922 hatte er versucht, einen Saalfunk einzurichten. Seine Idee war es, von einem zentralen Sender aus ein der Bildung dienendes Rundfunkprogramm für ganz Deutschland auszustrahlen. In Lichtspielhäusern und Theatern sollte das Programm über Lautsprecher wiedergegeben werden. Für einen kleinen Eintrittspreis sollte so jedermann an dem neuen Medium teilhaben können. Das Vorhaben scheiterte insbesondere an der schlechten technischen Qualität der Lautsprecher.

Am 29. Oktober 1923 wurde aus dem Berliner Vox-Haus die erste offizielle Radiosendung in Deutschland ausgestrahlt. Mit dem Beginn des offiziellen Rundfunks war auch die Gründung von neun regionalen Rundfunkgesellschaften verbunden, die für den Betrieb eines Radioprogramms in ihren jeweiligen Sendegebieten zuständig waren.

Ernst Voss warb in dieser – für den deutschen Rundfunk durchaus turbulenten – Zeit weiter für seine Idee eines zentralen Bildungsprogramms für ganz Deutschland. Die im August 1924 von ihm gegründete Deutsche Welle GmbH entstand als Einrichtung der neun Regionalgesellschaften und hatte die Aufgabe, »Unterricht, Vorträge und Darbietungen auf drahtlosem Wege« zu veranstalten. Einen Sender jedoch hatte die Deutsche Welle vorerst nicht.

Im Jahr 1925 betrat ein neuer Akteur die Radiolandschaft: die Reichsrundfunkgesellschaft. Sie war auf Druck der Reichspost als Dachgesellschaft aller regionalen Gesellschaften gegründet worden und sicherte den Einfluss des Staates auf den Rundfunk. Mit der Reichsrundfunkgesellschaft verhandelte Ernst Voss über seine Idee. Im Zuge der Verhandlungen wurden die Anteile der Deutschen Welle GmbH zu 70 Prozent an die Reichsrundfunkgesellschaft und zu 30 Prozent an den Staat Preußen übertragen. Ernst Voss verlor seinen Posten als geschäftsführender Direktor, doch seine Idee eines zentralen Programms für ganz Deutschland wurde Realität.

Am 7. Januar 1926 begann der Sendebetrieb der Deutschen Welle. Auf der Frequenz 231 Kilohertz war das aus Königs Wusterhausen ausgestrahlte Programm in weiten Teilen Deutschlands zu empfangen. Der genutzte Sender ging mit der Bezeichnung »Deutschlandsender 1« in die Geschichte ein. Gesendet wurde das Programm der Deutschen Welle GmbH anfänglich werktags in der Zeit von 15 bis 20 Uhr. Anschließend wurde das Programm von regionalen Sendern übernommen, überwiegend das der Funk-Stunde Berlin.

Das Programm des Deutschlandsenders entsprach ganz der ursprünglichen Idee von Ernst Voss. Es bestand aus allgemeinen und Wirtschaftsnachrichten, halbstündlich wechselnden Fachvorträgen und amtlichen Informationen. Musik durfte ausschließlich zum Bildungszweck gesendet werden. Das Programm hatte allerdings einen so hohen inhaltlichen Anspruch, dass es einem breiten Publikum kaum verständlich gewesen sein dürfte.

In den kommenden Jahrzehnten erfuhr die Deutsche Welle immer wieder Veränderungen. Im Nationalsozialismus in die Propagandamaschine von Goebbels integriert, wurde sie 1953 als Deutscher Auslandsdienst neu aufgestellt. Mit leistungsstarken Kurzwellensendern und einem mehrsprachigen Programm wurde die Deutsche Welle auf der ganzen Welt zu einer beliebten Informationsquelle.

Heute verfügt die Deutsche Welle über keine Sendeanlagen mehr, die Verbreitung erfolgt überwiegend über das Internet. Der bildende, informative Charakter des Programms aber ist bis in die Gegenwart erhalten geblieben. Und manchmal spielt die Deutsche Welle auch Musik.

Von Zeesen um die ganze Welt

Als der Rundfunk Anfang des 20. Jahrhunderts begann, die Menschen auf der ganzen Welt zu begeistern, wurden dafür vor allem Frequenzen der sogenannten Lang- und Mittelwelle genutzt. Ein Frequenzbereich jedoch fristete ein Schattendasein: die Kurzwelle. Mit Kurzwelle wird der Frequenzbereich zwischen 3 Megahertz und 30 Megahertz bezeichnet, das entspricht einer Wellenlänge von 100 Metern bis 10 Metern.

Anfänglich waren die Ausbreitungsbedingungen in diesem Frequenzbereich völlig unbekannt. Insbesondere den internationalen Aktivitäten der Funkamateure ist es zu verdanken, dass zum Ende der 1920er Jahre die Eigenschaften der Kurzwelle erkannt wurden. Sie stellten fest, dass abhängig von Jahreszeit, Tageszeit und Frequenz auch mit kleinen Leistungen regelmäßig Verbindungen über sehr weite Strecken möglich waren.

Die Übertragung der Kurzwelle beruht auf der Reflexion in der Ionosphäre. Die vom Sender ausgestrahlten Wellen werden in verschiedenen Schichten zwischen 100 und 400 Kilometern Höhe reflektiert und gelangen so auf die Erde zurück, wo sie wiederum reflektiert werden. Zur richtigen Zeit und auf der richtigen Frequenz ist so mit mehreren Reflexionen eine Aussendung um die ganze Erde möglich.

Mit dem Bekanntwerden dieser Eigenschaften wurde die Kurzwelle auch für den Rundfunk interessant. Aus diesem Grund begann die Deutsche Reichspost mit Kurzwellenversuchen für Rundfunkzwecke in Döberitz – westlich von Berlin – und Königs Wusterhausen. Die Firma Telefunken bekam den Auftrag für den Bau des ersten Kurzwellen-Rundfunksenders in Zeesen. Dieser sollte in das Senderhaus 4 eingebaut werden, was einen umfangreichen Umbau notwendig machte.

Der Sender bestand aus sieben Stufen und erzeugte eine für diese Zeit beachtliche Sendeleistung von fünf Kilowatt. Als Antenne diente ein einfacher Schrägdraht von 75 Metern Länge zum westlichen 210-Meter-Mast des Deutschlandsenders. Die Energieleitung vom Sender wurde an einfachen hölzernen Telefonmasten zur Antenne geführt.

Am 26. August 1929 um 20 Uhr ging auf der Frequenz 9.560 Kilohertz die erste offizielle deutsche Kurzwellen-Rundfunksendung in die Welt hinaus. Das Programm begann mit einer Übertragung der Operette »Der Feldprediger« von Carl Millöcker. Als Senderkennung wurde die Bezeichnung »Der deutsche Kurzwellensender« gewählt. Im Ausland erreichte der erste Kurzwellensender aus Deutschland schnell eine große Beliebtheit und diente vor allem deutschen Emigranten als Informationsquelle.

80 Jahre lang wurde über die Kurzwelle Rundfunk aus Deutschland in die ganze Welt gesendet. In Zeesen zeugt heute noch eine einsame Antennenpardune vom Beginn dieses Rundfunkzeitalters.

Moderne Musik

Als der Rundfunk in Deutschland entstand, war alles an diesem Medium neu. Von der Aufnahme bis zur Wiedergabe: Alles, was wir heute kennen, musste erst erfunden werden. Von den Möglichkeiten, die sich durch die drahtlose Übertragung ergeben sollten, ist dabei noch gar nicht gesprochen.

Eine sehr große und anfänglich nicht zu lösende Herausforderung war die Umwandlung der akustischen Schwingungen in elektrische Ströme. Ein Mikrofon gab es noch nicht und so behalf man sich mit der Sprechkapsel eines Telefons.

Diese konnte aufgrund ihrer Bauweise nur einen kleinen Frequenzbereich übertragen. Für Sprache war das völlig ausreichend, doch bei der Übertragung von Musik gelangte diese Aufnahmetechnik schnell an ihre Grenzen. Das Problem war, dass von einzelnen Instrumenten immer nur die Grundtöne übertragen werden konnten – die klangbildenden Obertöne fehlten. Hinzu kamen Eigenresonanzen, die den eigentlichen Klang verfälschten. Und so kam es, das sich zum Beispiel eine Orgel ganz ordentlich übertragen ließ, während eine Geige oder gar ein ganzes Orchester aber kaum zu erkennen waren.

Um die Qualität in der Rundfunkübertragung zu steigern, wurde intensiv an der Entwicklung geeigneter Mikrofone gearbeitet. So wurden bereits 1922 bei Übertragungen aus Königs Wusterhausen verbesserte Sprechkapseln eingesetzt, mit denen sich die Klangqualität deutlich steigern und die Musik mehrerer Instrumente übertragen ließ.

Einen ganz anderen Lösungsansatz verfolgte der Ingenieur Friedrich Trautwein. Seine Idee war es, das Mikrofon als Schallwandler zu umgehen und die Töne gleich sendefertig, also elektronisch zu erzeugen. Bereits 1922 erhielt er dafür ein erstes Patent – eine praktisch anwendbare Lösung war dies jedoch noch nicht.

Ende der 1920er Jahre wurde an der Hochschule für Musik in Berlin die Rundfunkversuchsstelle gegründet. Diese beschäftigte sich aus mehreren Richtungen mit dem neuen Medium Rundfunk. Wie muss man singen oder sprechen, damit es im Radio gut klingt? Welche Mikrofone sind für welche Stimmlage am Besten geeignet? Welche Kompositionen sind für das Radio geeignet und welche Instrumente eignen sich besonders gut?

Bei den Bemühungen, diese Fragen zu beantworten, entstanden an der Rundfunksversuchsstelle spannende Experimente. So kam es, dass auch die Idee der elektronischen Klangerzeugung wieder aufgegriffen wurde.

1929 wurde Friedrich Trautwein Dozent an der Akademie der Künste in Berlin und bekam so die Möglichkeit, seine Ideen zu verwirklichen. Das Ergebnis war das Trautonium – der vielleicht erste Synthesizer der Welt. Gänzlich elektronisch und ohne Mikrofon konnten damit Klänge in bisher unbekannter Vielfalt erzeugt werden.

Doch so ein freies Instrument braucht auch eine neue Musik: Einer der Ersten, der schon 1930 Musik für das Trautonium komponierte, war Paul Hindemith. Oskar Sala, zu dieser Zeit Student bei Hindemith, war geradezu begeistert von den Möglichkeiten des neuen Instruments. Anfänglich noch gemeinsam mit Friedrich Trautwein, entwickelte er das Trautonium zu einem mehrstimmigen Musikinstrument weiter – es wurde zu seinem Lebenswerk. Bis ins hohe Alter komponierte er für das Trautonium und spielte es auch. Bekannt wurde das zum Beispiel durch Filmmusik, etwa in Alfred Hitchcocks »Die Vögel«. Aber auch musikalische Einflüsse hatte es – die Band »Kraftwerk« fühlte sich vom Trautonium und seinen Möglichkeiten inspiriert.

In der Breite durchgesetzt hat sich das Instrument aber nicht. Es gilt als schwer zu spielen und ist aus heutiger Sicht auch technisch sehr anspruchsvoll. Es existierten nur wenige Exemplare und Oskar Sala war lange Zeit der einzige Spieler.

Und vielleicht könnten wir heute kein Trautonium mehr hören, wenn nicht Peter Pichler 1988 auf das Instrument aufmerksam geworden wäre. Er besuchte Oskar Sala und ließ sich die Bedienung des Trautoniums zeigen. Und er spielt es bis heute.

Eine Briefmarke für den Rundfunk

Im Sommer 1989 wurde von der Deutschen Bundespost eine Sonderbriefmarke veröffentlicht. Darauf abgebildet sind ein Satellit, ein Teil eines Parabolspiegels und das Logo der Internationalen Funkausstellung. Diese Briefmarke symbolisiert die erste digitale Rundfunkverbreitung in Deutschland.

Am 24. August 1989 wurde auf der Funkausstellung das Digitale Satellitenradio (DSR) in Betrieb genommen. Ab diesem Zeitpunkt wurden über die Satelliten DFS 1 Kopernikus und TV SAT 2 sowie über das Kabelnetz der Deutschen Bundespost 16 Rundfunksender verbreitet. Ziel des DSR-Systems war es, Rundfunk in bestmöglicher Qualität zu übertragen. Mit dem digitalen Satellitenradio konnte ein Audiosignal etwa in CD-Qualität gesendet werden, wobei keine Kompression zur Anwendung kam. Für die Übertragung wurde ein Digitalsignal mit einer Datenrate von 896 Kilobit pro Sekunde und einer Bandbreite von 27 Megahertz erzeugt.

Wer DSR empfangen wollte, musste einigen Aufwand betreiben. Noch relativ einfach war der Satellitenempfang über TV-SAT 2. Hier verwendete man eine spezielle Flachantenne, die mit etwa 30 Zentimeter Kantenlänge allerdings recht klein ausfiel und den Empfang auch hinter der Fensterscheibe ermöglichte.

Für den Empfang über Kopernikus waren eine Parabolantenne von 60 Zentimetern Durchmesser sowie ein besonderer, rauscharmer Signalumsetzer nötig. Wenn mit dieser

Antenne auch Satellitenfernsehen empfangen werden sollte, vergrößerte sich der erforderliche Durchmesser auf 80 Zentimetern. Bei der DSR-Nutzung über das Breitbandkabel der Telekom reichte ein üblicher Kabelanschluss.

In jedem Fall aber wurde ein spezieller DSR-Empfänger benötigt. Dieser bestand aus einem Empfangsteil und dem Decoder für das digitale Audiosignal. Zum Sendestart kostete solch ein Empfänger etwa 1.000 DM.

Eine weitere Hürde stellte die Programmauswahl dar. Diese war in einem Medienstaatsvertrag geregelt und sah die paritätische Übertragung von privaten und öffentlich-rechtlichen Programmen vor. Die starre Regelung führte dazu, dass einerseits vor allem Klassikprogramme übertragen wurden und andererseits Kanäle der privaten Anbieter zeitweise frei blieben.

Insgesamt konnte sich das Digitale Satellitenradio nie wirklich durchsetzen. Zwar gab es eine Fangemeinde, in der sich insbesondere Liebhaber klassischer Musik fanden. Richtig massentauglich war das Programmangebot jedoch nicht.

Die Übertragung über TV-SAT 2 wurde bereits Ende 1994 eingestellt. Das nahmen die Hersteller der Endgeräte zum Anlass, die Produktion der DSR-Empfänger zu beenden. Auch die Übertragung über Kopernikus und das Kabelnetz standen ab 1996 immer wieder infrage – private Fernsehanbieter buhlten um die Übertragungskapazität der Satelliten. Und auch eine im August 1998 gegründete Initiative zum Erhalt des Digitalen Satellitenradios konnte das Ende nicht verhindern.

Am 15. Januar 1999 wurde die Übertragung des DSR-Signals beendet und die etwa 200.000 verkauften DSR-Empfänger wurden zu wertlosem Elektronikschrott. Von der IFA-Sondermarke der Bundespost wurden über sieben Millionen Stück verkauft. Sicher findet sich ein Leser, der eine solche heute noch besitzt.

Und noch etwas ist aus dieser Zeit geblieben: Auch die DDR hatte Interesse an der Technik des Digitalen Satellitenradios. Eine Forschungsgruppe des Zentrums für Wissenschaft und Technik in Dresden entwickelte dafür einen Prototyp und bot der Firma Technisat (Daun/Eifel) auf der Frühjahrsmesse in Leipzig eine Zusammenarbeit an. Daraus entstand 1990 die Firma Technisat Digital, später umbenannt in TechniSat Dresden GmbH. Bis heute entwickelt sie in Dresden technische Geräte – auch für den digitalen Rundfunkempfang.

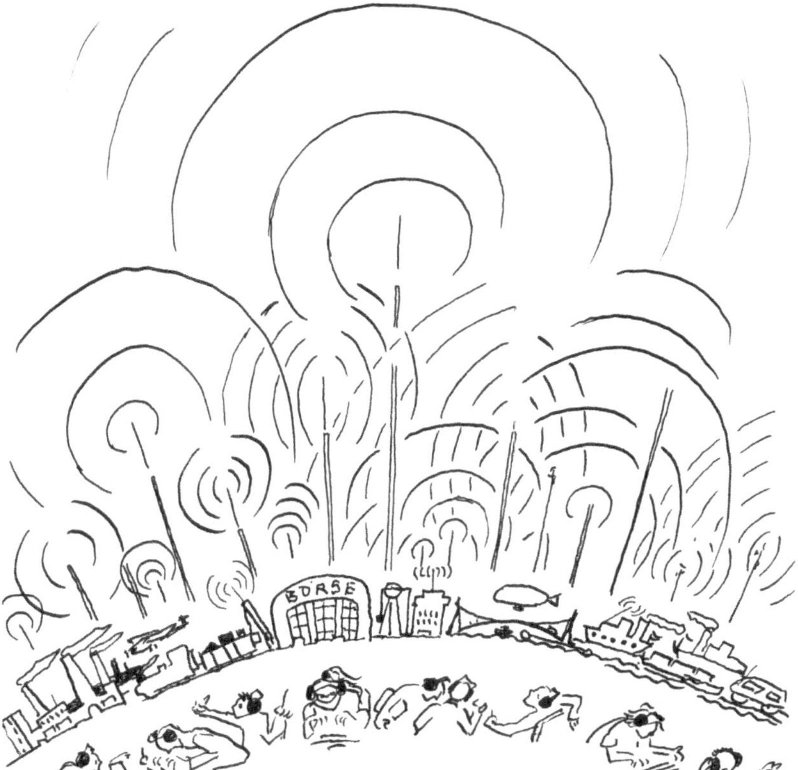
BÖRSE

Zeit ist Geld – der Wirtschaftsrundspruch

Mit dem Ende des Ersten Weltkrieges wurde die bisherige Zentralfunkstelle des Heeres auf dem Funkerberg in Königs Wusterhausen am 29. September 1919 dem Reichspostministerium unterstellt. Für die militärisch genutzten Einrichtungen sollte nun eine zivile Verwendung gefunden werden. Bereits mit der Übernahme in die Reichspost zeichnete sich eine bisher völlig neue Anwendung ab – der Wirtschaftsrundfunk.

Die schnelle und zuverlässige Übermittlung von Nachrichten stellte nach dem Kriegsende in Deutschland eine große Herausforderung dar. Beispielsweise hatten Zeitungsredaktionen ein großes Interesse daran, aktuelle Nachrichten zu erhalten. Die Übertragung per Funkwelle erschien dafür als geeignete Lösung und die neue Hauptfunkstelle der Reichspost verfügte über die notwendige Technik.

Das Wolfsche Telegraphenbüro aus Berlin übernahm die Zusammenstellung der Nachrichten. Diese wurden in telegraphischer Form nach Königs Wusterhausen übermittelt und über einen Sender im Senderhaus 1 abgestrahlt. Zum Empfang richtete die Reichspost in ganz Deutschland 80 Empfangsstellen ein. Hier wurden die Nachrichten erfasst, vervielfältigt und an die Zeitungsredaktionen weitergegeben. Auf diese Weise konnten viele Nachrichten oftmals einen Tag früher als bisher veröffentlicht werden.

Auch in der Wirtschaft nahm – unter dem Einfluss der beginnenden Inflation – der Wunsch nach schneller Information zu. Ab Juni 1920 stellte die Eildienst GmbH für amtliche und private Handelsnachrichten Informationen für die Wirtschaft zusammen und verbreitete sie – wie die Presseinformationen – auf drahtlosem Wege von Königs Wusterhausen. So erreichten zum Beispiel Börsenkurse aus New York die Interessenten in Deutschland bereits 30 Minuten nach Veröffentlichung – und nicht, wie bis dahin, erst nach zwölf Stunden.

Als Flaschenhals erwies sich zunehmend die Übermittlung der Nachrichten über die amtlichen Empfangsstellen. Um dieses Problem zu lösen, wurde ein neues Verfahren entwickelt: die Übertragung direkt zum Kunden. Diese erhielten gegen Leihgebühr einen fest auf die Frequenz der Wirtschaftsnachrichten abgestimmten, einfach zu bedienenden Empfänger. Um das Mithören der Nachrichten durch Schwarzhörer zu erschweren, wurden die Informationen chiffriert übertragen. Zum Entschlüsseln erhielten die Abonnementen Tabellen, mit deren Hilfe die gesendeten Texte in die aktuellen Informationen übertragen werden konnten.

Nach einigen Monaten des kostenlosen Probebetriebs war es dann soweit – im September 1922 wurde der Wirtschaftsrundspruch offiziell in Betrieb genommen. Anfänglich hatte er einige Hundert Nutzer. Mit zunehmender wirtschaftlicher Unsicherheit wuchs jedoch die Bedeutung der schnell verfügbaren Information. Auf dem Höhepunkt der Hyperinflation im Jahr 1924 hatte der Wirtschaftsrundspruch etwa 3.000 zahlende Kunden. Mit dem Ende der großen Inflation nahm seine Bedeutung jedoch wieder ab. Die Nutzerzahlen brachen ein und der kostenpflichtige Dienst wurde eingestellt.

Dem Rundfunk aber war der Wirtschaftsfunk eine wichtige Hilfe – diente er doch der Reichspost als Begründung für den Aufbau eines landesweit empfangbaren Senders. Und die Postbeamten aus Königs Wusterhausen nutzten diese Entwicklung im Dezember 1920 für eine ganz besondere Sendung – das historische Weihnachtskonzert.

Vom Drahtfunk zum RIAS

Nach dem Ende des Zweiten Weltkrieges standen den westlichen Alliierten in Berlin keine eigenen Rundfunksender zur Verfügung. Um schnell über ein eigenes Informationsmedium zu verfügen, sollte das bestehende Telefonnetz zur Übertragung genutzt werden.

Im Frühjahr 1946 begann der Drahtfunk im amerikanischen Sektor mit seinen Sendungen. Das erste Studio befand sich im Fernmeldegebäude in der Winterfeldtstraße in Berlin-Schöneberg. Über einige Tausend Drahtfunkempfänger konnte das Programm in Berlin gehört werden.

Schnell wurde klar: Nur mit einem eigenen Rundfunksender ließ sich ein breites Publikum erreichen. Auf dem Gelände einer Baumschule in Berlin-Britz wurde deshalb ein mobiler Sender aufgebaut. Mit einer Sendeleistung von anfänglich 800 Watt nahm am 4. September 1946 der Rundfunk im amerikanischen Sektor (RIAS) seinen Betrieb auf.

Mit der Steigerung der Sendeleistung war der RIAS bald auch im Osten zu hören. Insbesondere zum Beginn des Kalten Krieges in den 1950er Jahren war der RIAS die Stimme des Westens und viele seiner Inhalte gegen das sozialistische System gerichtet. Für die dortigen Machthaber galt der RIAS als Feindsender und wurde technisch gestört. Für viele Hörer in der DDR aber war er eine wichtige Informationsquelle.

Als mit den 1960er Jahren die Entspannungspolitik einsetzt, wurde das Programm entschärft. Die Sprache wurde freundlicher und die Informationen offener. Auch wenn die Finanzierung durch die USA zurückging, blieb der RIAS ein amerikanischer Sender.

RIAS Berlin galt zugleich als innovativer Sender. Unter dem Motto »Eine freie Stimme der freien Welt« entstanden zahlreiche in der deutschen Rundfunklandschaft Ost und West einmalige Sendeformate. Dabei wurde auf Informationssendungen und Bildungsangebote genauso viel Wert gelegt wie auf Unterhaltung. So entstanden unter dem Dach des RIAS international bekannte Institutionen wie der RIAS Kammerchor und das RIAS Tanzorchester.

Im November 1953 wurde mit RIAS 2 ein weiteres Programm in Betrieb genommen. Dieses wurde in den kommenden Jahren immer stärker auf die Jugend ausgerichtet und ab 1985 als reines Popmusik-Programm verbreitet.

Mit der Wiedervereinigung Deutschlands hatte der RIAS seine politische Grundlage verloren, die Rundfunkprogramme wurden in private und öffentlich-rechtliche Nachfolger überführt. Mit seiner letzten Sendung am 31. Dezember 1993 stellte RIAS Berlin seinen Sendedienst ein.

Eine Tradition des RIAS ist bis heute erhalten geblieben: Am 24. Oktober 1950 wurde im Turm des Rathauses Schöneberg die Berliner Freiheitsglocke eingeweiht. Seitdem war im RIAS immer sonntags um zwölf Uhr die Freiheitsglocke zu hören. Dieser Brauch wird bis heute vom Deutschlandfunk Kultur fortgeführt.

Nach verschiedenen Nutzungen ging am 4. September 2013, nach fast 65 Jahren Betriebszeit, auch der Sender Britz als Mittelwellensender außer Betrieb. Wer einmal ein echtes RIAS-Unikat sehen möchte, wird auf dem Funkerberg in

Königs Wusterhausen fündig. Vor dem Senderhaus liegen etwa 15 Meter Stahlgittermast – das letzte erhaltene Stück vom Antennenträger des Senders Britz, über dessen Antenne RIAS Berlin abgestrahlt wurde.

Der Gerke-Code

Friedrich Clemens Gerke wurde am 22. Januar 1801 in Osnabrück geboren und wuchs in einfachen Verhältnissen auf. Bereits früh fielen die Vielfalt seiner Fähigkeiten und seine schnelle Auffassungsgabe auf. Die Möglichkeit, Lehrer zu werden, schlug er trotz bestandener Prüfung aus. Im Alter von 16 Jahren ging er nach Hamburg in die Anstellung als persönlicher Diener des Privatgelehrten Arnold Schuback und später als Kontorist bei Senator Brunnemann. Nebenbei begann er zu schreiben und erlernte mehrere Musikinstrumente.

1820 heiratete Friedrich Gerke die französische Emigrantin Sophie Marianne Ducalais und eröffnete mit ihr ein Hutmachergeschäft, das jedoch nach kurzer Zeit pleiteging. Daraufhin entschlossen sich die Gerkes, nach Amerika auszuwandern, und verdingten sich bei der britischen Kolonialarmee in einem Regiment in Kanada. Der Militärdienst sagte Friedrich Gerke jedoch nicht zu. Es gelang ihm, sich freizukaufen und die Familie kehrte 1823 nach Hamburg zurück.

Die nächsten Jahre lebten sie in bescheidenen Verhältnissen. Friedrich Gerke tingelte als Musiker durch die Lokale auf St. Pauli, schrieb Notenblätter und betrieb mit seiner Frau einen kleinen Zigarrenhandel. Schon bald begann er, in einem Bordell zur Unterhaltung zu spielen, und kam so mit vielen kulturellen Schichten Hamburgs in Kontakt.

Neben seiner Erwerbsarbeit war Friedrich Gerke stets auch künstlerisch tätig. Um 1835 veröffentlichte er erste Gedichte und zunehmend regelmäßig Zeitungsartikel zu vielfältigen Themen. Obwohl streng gläubig, setzte er sich in Aufsätzen für die Gleichstellung der Frau, die allgemeine Schulpflicht und ein Rentensystem ein. In dieser Zeit begann er von seinen Einnahmen als Schriftsteller zu leben.

1838 nahm der Fabrikant Johann Ludwig Schmidt eine optische Telegraphenlinie zwischen Hamburg und Cuxhafen in Betrieb. Gerke schrieb aus diesem Anlass einen begeisterten Artikel und lobte den technischen Fortschritt. Schon zwei Jahre später war die Strecke jedoch wirtschaftlich am Ende. Wieder schrieb Friedrich Gerke einen Zeitungsartikel und bedauerte die bevorstehende Schließung. Ob über diese Veröffentlichung wirklich der Kontakt zum Betreiber zustande kam, ist unklar. Sicher jedoch ist, dass Friedrich Clemens Gerke als Telegraphen-Inspektor der Strecke angestellt wurde und diese in den kommenden Jahren in ein profitables Unternehmen verwandelte.

1847 stellten William und Charles Robinson den elektromagnetischen Schreibtelegraphen von Samuel Morse in Hamburg vor. Friedrich Gerke erkannte dessen technisches Potenzial und versuchte auch seinen Arbeitgeber davon zu überzeugen. Der jedoch glaubte an die Überlegenheit der optischen Übertragung und überwarf sich mit Gerke. Der Hamburger Kaufmann C. P. F. Möring wiederum sah die Vorteile des elektrischen Systems sofort und bekam die Genehmigung, zwischen Hamburg und Cuxhaven eine solche Verbindung aufzubauen. Friedrich Gerke wurde zum Inspektor dieser neuen Unternehmung. Am 4. September 1848 ging die erste elektromagnetische Telegraphenverbindung in Deutschland mit dem System nach Morse in Betrieb.

Neben dem technischen Aufbau beschäftigte sich Friedrich Gerke auch mit der Übersetzung der technischen Beschreibung des Systems – wobei ihm seine in Kanada erworbenen Englischkenntnisse zugute kamen. Im Zuge der Übersetzung fielen ihm auch die Nachteile des Systems auf. Der Buchstabencode nach Morse umfasste Zeichen mit drei verschiedenen Längen und unterschiedlich langen Pausen. Diese ließen sich nicht sicher voneinander unterscheiden, sodass es regelmäßig zu Übertragungsfehlern kam. Friedrich Clemens Gerke erkannte die Probleme der vielen unterschiedlichen Zeichen und überarbeitete das amerikanische System.

Das Alphabet von Gerke besteht aus nur drei Zeichen – kurze Töne, lange Töne sowie immer gleich lange Pausen. Dabei hat ein langes Zeichen die dreifache Dauer eines kurzen, sodass Verwechslungen ausgeschlossen sind. Auf der Telegraphenverbindung zwischen Hamburg und Cuxhaven wurde das von Gerke entwickelte Codesystem im Jahr 1848 erstmalig eingesetzt.

Die Vorzüge des Gerke-Codes waren offensichtlich. Mit kleinen Änderungen wurde er 1865 auf dem Internationalen Telegraphenkongress in Paris zum Standard erklärt und ist als Norm der Internationalen Fernmeldeunion bis heute gültig.

Friedrich Clemens Gerke starb am 21. Mai 1888 in Hamburg. Zur Würdigung seiner Leistungen wurde 103 Jahre später dem Fernmeldeturm von Cuxhaven der Name Friedrich Clemens Gerke verliehen.

Friedrich Gerke hat in seinem Leben vermutlich Hunderte Zeitungsartikel, zahlreiche Gedichte und einige Bücher geschrieben. Der von ihm verwendete Morsecode wurde viele Milliarden Male genutzt. Von den literarischen Künsten des Erfinders wussten die Nutzer dabei vermutlich nichts.

Ein Funkturm für Berlin

Die Versorgung Berlins mit dem neuen Medium Hörfunk war in den ersten Sendejahren nicht zufriedenstellend. Um die Reichweite zu erhöhen, wurden mehrere Sender in Betrieb genommen. Einer davon sollte in Berlin-Witzleben aufgebaut werden, um das neu entstehende Gelände der Funkausstellung sicher mit Hörfunk zu versorgen. Als Antennenträger plante man etwas ganz Besonderes – ein Wahrzeichen der Funkindustrie sollte es werden.

Im Dezember 1924 begannen die Bauarbeiten. Von den vier Fußpunkten aus erhob sich die Stahlgitterkonstruktion nach oben verjüngend bis in 135 Meter Höhe. Dabei wurde aus Kostengründen auf verzierende Elemente verzichtet, sodass der Turm insgesamt sehr feingliedrig erscheint. Bereits nach vier Monaten war die 600 Tonnen schwere Konstruktion fertig und es konnte mit dem weiteren Ausbau begonnen werden.

Nach einer Idee des Journalisten Karl Vetter und auf Betreiben des Direktors des Berliner Messe-Amtes, Alfred Schick, bekam der Berliner Funkturm eine weitere Funktion: Er sollte ein Publikumsmagnet werden. Und so wurden in 55 Metern Höhe ein Restaurant und in 126 Metern Höhe eine Aussichtsplattform gebaut. Der Aufzug bis zur Aussichtsplattform und die Werbefläche aus 4.000 Glühbirnen unter dem Restaurant stellten für die damalige Zeit technische Meisterleistungen dar.

Am 3. September 1926, pünktlich zum Beginn der 3. Großen Funkausstellung, wurde der Berliner Funkturm seiner Bestimmung übergeben und erfüllte diese mit Bravour: 500.000 Besucher kamen allein in den ersten drei Jahren.

In seiner Funktion als Antennenträger aber enttäuschte er die Erwartungen. Die an ihm installierte T-Antenne in 70 Metern Höhe verbesserte die Rundfunkversorgung nur wenig und auch eine später verwendete Schrägdrahtantenne brachte keine Veränderung. Für die Verbreitung von Mittelwellenrundfunk erwies sich der Funkturm als ungeeignet.

Ganz anders war das, als im Jahr 1929 an der Spitze des Funkturmes Antennen für die ersten Fernsehversuche installiert wurden. Diese waren so erfolgreich, dass von hier am 8. März 1932 die ersten Fernsehbilder Deutschlands abgestrahlt wurden.

1935 geriet die Existenz des Berliner Funkturms ernstlich in Gefahr. Am 19. August stand das benachbarte Haus der Funkindustrie in Flammen und auch der Funkturm wurde von ihnen erfasst. Der Brand konnte zwar gelöscht werden – das Funkturmrestaurant und der Mittelwellensender jedoch waren zerstört. Das Restaurant konnte wieder aufgebaut werden. Der Sender und die dazugehörige Antenne aber wurden abgebaut – der neue Sender Tegel übernahm nun die Rundfunkversorgung Berlins.

Rund zehn Jahre später war der Funkturm abermals gefährdet. Kurz vor dem Ende des Krieges wurde er von einer Granate getroffen und stand praktisch nur noch auf drei Beinen. Er hielt den Belastungen jedoch stand und konnte mit einigem Aufwand an Stahl und Schrauben repariert werden.

Seine größte Höhe erreichte der Berliner Funkturm nach dem Zweiten Weltkrieg. Der NWDR installierte einen zusätzlichen Aufbau für UKW-Antennen, sodass der Turm auf eine Höhe von 150 Metern wuchs. Mit der Installation von weiteren Antennen kam 1951 die Verbreitung von Fernsehsignalen hinzu.

Als der Funkturm im Jahr 1961 unter Denkmalschutz gestellt wurde, ging auch seine Zeit als Antennenträger zu Ende. Nach der Abschaltung des Fernsehbetriebes wurde 1973 auch die UKW-Rundfunk-Verbreitung beendet. Mit dem Abbau der letzten Sendeanlagen im Jahr 1989 erreicht der Turm seine endgültige Höhe von 146 Metern.

Heute ist der Berliner Funkturm eines der bekanntesten Berliner Wahrzeichen. Bei der Fahrt zur Aussichtsplattform erhebt sich durch die transparenten Seiten des Aufzuges die Stadt vor dem Besucher. Und in Richtung Osten sieht man einen anderen berühmten Antennenträger – den Berliner Fernsehturm.

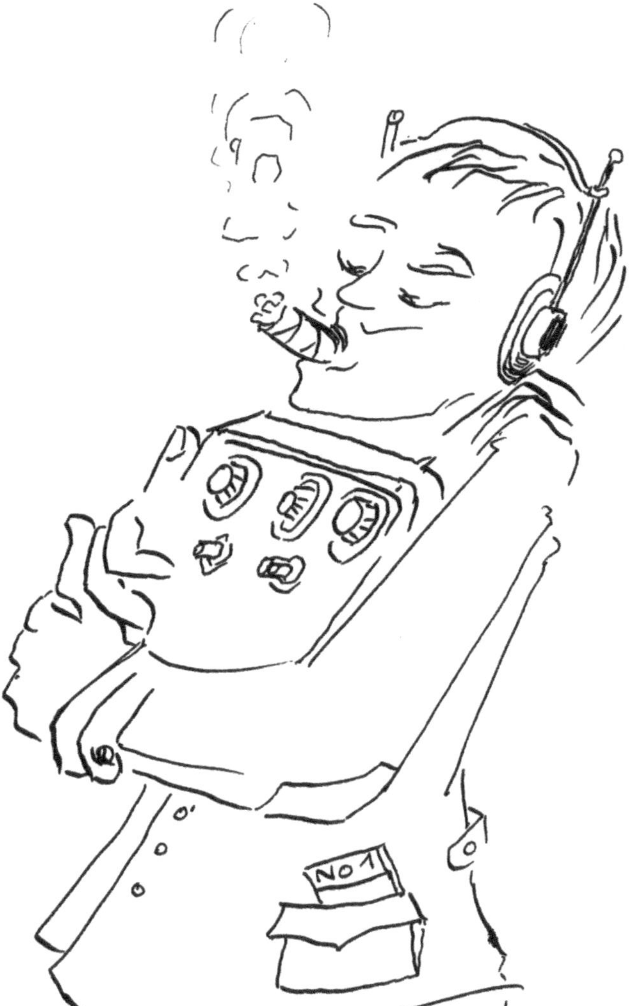
No 1

Der erste amtliche Radiohörer

»Achtung, Achtung! Hier ist die Sendestelle Berlin, Vox-Haus, auf Welle 400 Meter. Meine Damen und Herren! Wir machen Ihnen davon Mitteilung, dass am heutigen Tage der Unterhaltungsrundfunkdienst mit Verbreitung von Musikvorführungen auf drahtlos-telefonischem Wege beginnt.«

Mit diesen Worten begann am 29. Oktober 1923 der offizielle Rundfunk in Deutschland. Und schon im nächsten Satz hieß es: »Die Benutzung ist genehmigungspflichtig.« Allerdings: Zu diesem Zeitpunkt gab es keinen einzigen angemeldeten privaten Rundfunkhörer in Deutschland.

Die Ehre des ersten offiziellen Zuhörers wurde wenige Tage später dem Berliner Wilhelm Kollhoff zuteil. Der Tabakwarenhändler aus Berlin-Moabit erhielt am 31. Oktober 1923 die Rundfunkempfänger-Lizenz Nr. 1. Bedingt durch die Inflation bezahlte er 350 Milliarden Reichsmark, um ein Jahr Radio hören zu dürfen.

Etwa zwei Wochen musste Kollhoff auf seinen bestellten Empfänger warten – bei dem der Hersteller Telefunken sicherstellen musste, dass nur Hörfunkwellen empfangen werden konnten. Dazu wurde der Einstellbereich des Abstimmkondensators mechanisch eingeschränkt. Und um Manipulationen am Gerät zu vermeiden, wurden zusätzlich die Schrauben am Gehäuse versiegelt.

Für den Rundfunkempfang benötigte man damals möglichst lange Antennen. Am Haus von Kollhoff wurden dazu auf dem Vorder- sowie dem Hinterhaus zwei Antennenmasten an den Schornsteinen errichtet, zwischen denen eine etwa 40 Meter lange Drahtantenne installiert wurde. Über diese Antenne empfing der Telefunkenempfänger das Programm vom etwa 3,5 Kilometer entfernten Vox-Haus.

Vorerst konnte Wilhelm Kollhof das Programm nur über einen Kopfhörer verfolgen. Erst später kamen ein Verstärker und ein Trichterlautsprecher dazu, sodass mehrere Hörer gleichzeitig Radio hören konnten. Das waren anfangs vor allem die Kinder in der Turmstraße. Da Kollhof Parterre wohnte, kamen sie oft und lauschten durch das geöffnete Fenster den unbekannten Klängen. Und auch der eine oder andere Postbeamte, der an der Erteilung der ersten Rundfunklizenz beteiligt war, hörte bei Wilhelm Kollhof das erste Mal Radio.

Nach Überwindung der Inflation und der Festsetzung der Rundfunkgebühr auf zwei Reichsmark im Jahr 1924 stieg die offizielle Hörerzahl schnell. Sie erreichte im Jahr 1925 die erste Million, und ungezählte Schwarzhörer kamen als Zaungäste hinzu. Wilhelm Kollhoff, der noch einige Jahrzehnte seinen Tabakwarenladen in der Turmstraße 47 betrieb, blieb zeit seines Lebens Radiohörer. Eigenen Angaben zufolge hörte er täglich mindestens ein bis zwei Stunden Radio und liebte vor allem die heitere Seite dieses wunderbaren Mediums.

Die Faszination der ersten Radiostunden, in denen mit Fingerspitzengefühl die Rückkopplung eingestellt werden musste, um Stationen auch aus großer Entfernung klar hören zu können, diese Faszination blieb Wilhelm Kollhoff bis zum Ende seines Lebens erhalten.

Der höchste Sendemast

Der polnische Bauingenieur Andrzej Szepczyński baute in seinen ersten Arbeitsjahren Ski- und Sessellifte. Die Aufgabe, die er im Jahr 1972 übernahm, war dann eine wahrhaft gigantische. Am 18. Oktober 1972 wurde im polnischen Gabin, etwa 30 Kilometer von Konstantynów entfernt, mit dem Bau des Fußes eines Antennenmastes begonnen. Knapp zwei Jahre später war der Sendemast fertig und mit 646 Metern und 38 Zentimetern das höchste Bauwerk der Welt.

Zum Vergleich: Der polnische Antennenmast war so hoch wie zwei Eifeltürme, dreimal so hoch wie Mast 17 oder vier Kölner Dome übereinander. Auf einer Eisenbahnplatte im Maßstab H0 wäre der Mast 7,5 Meter hoch.

Anlass für den Antennenbau war die Errichtung eines Langwellensenders mit 3.000 Kilowatt effektiver Strahlungsleistung. Um diese optimal abzustrahlen, sollte die Antenne ein im Fußpunkt gespeister Halbwellendipol sein.

Der Antennenmast wurde in Form eines gleichseitigen Dreiecks mit einer Kantenlänge von 4,80 Metern gebaut. Der Antennenfuß wurde mit drei jeweils 2,50 Meter hohen Säulen aus Porzellanisolatoren realisiert. Darauf wurden 86 Mastelemente mit einer Höhe von jeweils 7,5 Metern montiert. Die Abspannung erfolgte mit isolierten, 50 Millimeter starken Pardunen in fünf Ebenen.

Zur Erleichterung der Wartung wurde in den Mast ein Aufzug eingebaut, der mit einer Geschwindigkeit von 35 Zentimetern in der Sekunde etwa 30 Minuten für einen vollständigen Aufstieg benötigte.

Auch die Mastbefeuerung für die Flugsicherung offenbarte die gigantischen Dimensionen des Bauwerkes. In 16 Ebenen mit einem Abstand von etwa 40 Metern waren Signallampen mit einer Leistung von 200 Watt installiert und das Signalfeuer an der Mastspitze hatte eine Leistung von zweimal 1.000 Watt.

Am 30. Juli 1974 wurde der Antennenmast offiziell in Betrieb genommen – und war damit der einzige jemals betriebene Halbwellendipol der Welt. Bereits zehn Jahre später wurden bei Inspektionsarbeiten erhebliche Schäden festgestellt. Die auf den Mast wirkenden Windlasten verursachten große Schwingungen im Bauwerk. Die statische Aufladung des Selbststrahlers führte zu Kriechströmen und auch der Rostschutz war mangelhaft. Es stellte sich heraus, dass die dauerhafte Sicherung mit kleineren Verbesserungen nicht zu erreichen war. Da ein möglicher Neubau wegen Materialmangel verworfen wurde, begann man mit umfangreichen Reparaturmaßnahmen.

Am Abend des 8. August 1991 geschah es dann: Eine Hilfsabspannung löste sich aus der Verankerung, die Belastung auf den anderen Abspannungen wurde zu groß und eine davon riss durch. Daraufhin brach der Mast im oberen Bereich und die gesamte Konstruktion ging zu Boden. Innerhalb von 15 Sekunden fiel das höchste Bauwerk der Welt in sich zusammen.

Andrzej Szepczyński hat in seinem Berufsleben noch viele Bauwerke errichtet. Eines davon ist der 370 Meter hohe Fernsehturm in Kuwait – und dieser steht bis heute.

Der öffentliche Rundfunk begann hier

Berlin, Potsdamer Straße 4. Nach den Plänen des Architekten Otto Stahn wurde hier im Jahr 1909 ein fünfgeschossiges Bürohaus fertiggestellt. Von der späteren Berühmtheit seines Bauwerkes ahnte der Architekt zu diesem Zeitpunkt nichts. Im Jahr 1920 erwarb die – später als Schallplattenfirma bekannt gewordene – Gesellschaft Vox das Gebäude. Sie beantragte bereits 1921 die Errichtung einer Antennenanlage auf dem Dach – vorerst vergeblich.

Zu dieser Zeit beschäftigte sich Postdirektor Friedrich Weichart im damaligen Telegraphentechnischen Reichsamt mit dem Bau von Röhrensendern zur Übertragung von Telegraphie und Telephonie. In zahlreichen Versuchen wurden Sender bis etwa 500 Watt Leistung in diesem Laboratorium gebaut. Gute zwei Jahre dauerten diese Versuche.

Doch dann ging alles sehr schnell. Am 19. September 1923 erhielt Weichart den Auftrag, einen Rundfunksender mit labormäßigen Mitteln zusammenzustellen – wobei keine Kosten entstehen durften. Bereits nach zwei Wochen war der Sender fertig und es stellte sich die Frage, wo er aufgebaut werden sollte. An dieser Stelle kam das Vox-Haus ins Spiel, denn das Gebäude erschien überaus geeignet. Für den Sender wurde ein Raum im Dachgeschoß bereitgestellt, die Antenne vom Telegraphenbauamt errichtet. Als Aufnahmeraum diente anfänglich ein Zimmer im dritten Stock, das mit Decken und Krepppapier ausgehängt wurde. Das einfache

Mikrofon stand auf einem Stuhl, mit Berliner Telefonbüchern auf die richtige Höhe gebracht. Am 18. Oktober 1923 begannen die ersten Versuchssendungen.

Der vom Telegraphentechnischen Reichsamt aufgebaute Sender war auch für damalige Verhältnisse einfach. Auf seiner Frequenz von etwa 750 Kilohertz konnte er – auch wegen der viel zu kurzen Antenne – nur Teile von Berlin erreichen. Als Staatssekretär Hans Bredow am Vormittag des 29. Oktober den Sender besichtigte, war er dennoch von dessen Leistungsfähigkeit überzeugt – und ordnete den Beginn des öffentlichen Rundfunks noch am selben Tag an.

In aller Eile wurde ein kleines Programm zusammengestellt und am Abend des 29. Oktober war es dann soweit. »Achtung, Achtung! Hier ist die Sendestelle Berlin, Vox-Haus, auf Welle 400 Meter« – mit diesen Worten begann der offizielle Rundfunk in Deutschland.

In den nächsten Monaten wurde das Vox-Haus zunehmend für den Rundfunk genutzt. Im Jahr 1925 belegte die Funk-Stunde AG 25 über das ganze Haus verteilte Zimmer. Das hier produzierte Programm wurde nun über verschiedene Sender in Berlin abgestrahlt und auch Königs Wusterhausen unterstütze mit leistungsstarken Langwellensendern.

Mit der Eröffnung des Hauses des Rundfunks verlor das Vox-Haus seine Bedeutung. Im Zweiten Weltkrieg teilweise zerstört, zogen nach dem Wiederaufbau Kinos und Geschäfte ein. Nach dem Mauerbau wurde das Haus 1971 gesprengt.

Heute steht an dieser Stelle ein Hochhaus des Kollhoff-Komplexes am Potsdamer Platz. Eine Initiative, diesen Ort mit einer Gedenktafel zu würdigen, blieb bisher erfolglos.

Die Wegbereiter des guten Klangs

Die ersten Versuche zur drahtlosen Übertragung von Sprache und Musik würden sich in unseren, heute klangverwöhnten Ohren vermutlich seltsam anhören. Egal ob Marconi, Nußbaumer oder Fessenden – guter Klang war bei den ersten Versuchen technisch einfach nicht möglich.

Grundsätzlich gibt es für den guten Klang im Radio auf der Senderseite zwei Anforderungen. Die erste ist eine möglichst verzerrungsfreie und lineare Umwandlung des akustischen in ein elektrisches Signal durch das Mikrofon. Die zweite Bedingung ist eine saubere Modulation des Trägersignals, um einen guten Transport zum Empfänger zu ermöglichen.

Ein Ort, an dem für beiden Herausforderungen eine Lösung gefunden wurde, ist Eberswalde. Bereits im Oktober 1909 hatte die Firma C. Lorenz AG aus Berlin auf der Bullenwiese in Eberswalde eine Versuchsstation mit einer umfangreichen Antennenanlage errichtet. Ziel war die technische Erprobung von Sendern größerer Leistung, welche die Lorenz AG für das deutsche Militär fertigte. Die Entfernung zum Stammwerk in Berlin Tempelhof betrug knapp 50 Kilometer, was eine gute Entfernung für verschiedene Versuchsanordnungen darstellte.

Im Jahr 1913 führte Dr. Leo Pungs erstmals Versuche zur Modulation von Maschinensendern mit Sprache in Eberswalde durch. Dabei verwendete er frühe Versionen der später nach ihm benannten Pungs-Drossel zur Modulation, auf dessen Funktionsprinzip er im Juli 1913 ein Patent erhielt. Auch die Übertragung von Musik einer Schellackplatte soll so möglich gewesen sein. Der beginnende Krieg beendete diese Versuche, denn Pungs wurde in den Dienst bei der Marine einberufen.

Nach dem Ende des Ersten Weltkriegs konnte im Jahr 1919 die Versuchstation Eberswalde ihren Betrieb wieder aufnehmen. Die Experimente widmeten sich nun der zivilen Nutzung der drahtlosen Telephonie – die Übertragung von Sprache und Musik war das Ziel.

Wieder war es Leo Pungs, der in Eberswalde entscheidende Fortschritte erzielte. Mithilfe von Röhrenverstärkern wurden die kleinen Signale der als Mikrofon verwendeten Telefonkapsel verstärkt. Und mit einer nun verbesserten Modulationsdrossel gelang eine für diese Zeit einmalige Klangqualität. Damit war die Anforderung der guten Modulation eines Rundfunkssenders erstmals gelöst. Es blieb die bescheidene Qualität der Telefonkapsel.

Der Ingenieur Robert Herzog war bereits seit 1914 bei der Lorenz AG beschäftigt und übernahm nun die Leitung der Versuchsstation. Neben der Verbesserung der Eigenschaften des Poulsen-Senders widmete er sich intensiv dem Problem der Tonaufnahme.

Die Berliner Firma Tri-Ergon hatte es sich zur Aufgabe gemacht, ein System für einen Tonfilm zu erfinden. Dabei entstand ein als Katodophon bezeichnetes Mikrofon. Die Lorenz AG unterstützte diese Entwicklung technisch und finanziell und konnte sich so die Nutzung dieses Mikrofons sichern. Robert Herzog begann ab 1920 Experimente mit dem Katodophon in Eberswalde. Beim Katodophon werden die Schallwellen durch einen Trichter auf einen ionisierten Luftspalt geführt. Hier beeinflussen die akustischen Wellen den durch die Elektroden fließenden Strom. Dieser kann anschließend verstärkt werden.

Die Klangqualität des Katodophons war für diese Zeit unerreicht. Und eigentlich wäre damit auch das zweite Problem des guten Klangs eines Rundfunksenders gelöst gewesen – hätte nicht die Technik seine Nutzung so kompliziert gemacht. Die Einstellung dieses Mikrofons war höchst sensibel. Alle 30 Minuten mussten die Glühstäbe gewechselt werden, was es für einen dauerhaften Einsatz in einer Sendung ungeeignet machte. So blieb die Anwendung des Katodophons im Rundfunk immer problematisch.

Im Januar 1923 gelang in Eberwalde dann etwas bis dahin Einmaliges: Auf Initiative von Robert Herzog spielte ein sechsköpfiges Ensemble aus Musikern des Ortes ein Instrumentalkonzert mit Geige, Cello, Klavier, Flöte und Klarinette. In den kommenden Monaten wurden regelmäßig Instrumentalkonzerte und Gesangsdarbietungen in verschiedenen Besetzungen von der Bullenwiese gesendet. Empfangsbestätigungen aus dem In- und Ausland bezeugten den besonders guten Klang dieser Rundfunksendungen.

Beiden in Eberswalde eingeführten Erfindungen zur Verbesserung des Klangs im Radio war nur eine kurze Nutzungsdauer vergönnt. Die Modulation mit der Pungs-Drossel bestimmte die ersten Rundfunkjahre und machte die Erfolge der Sendestation Königs Wusterhausen erst möglich. Mit dem Einzug der Röhrensender und der damit verbundenen Gittermodulation entfiel die Anwendung dieser technischen Einrichtung. Und auch das Kathodophon wurde durch die unkompliziert einsetzbaren Bändchenmikrofone und das Kohlekörner Mikrofon von Eugen Reiss bald abgelöst.

Als Wegbereiterin des guten Klangs aber bleibt die Versuchsstation Eberswalde unvergessen.

Basic im Radio

Am 16. Oktober 1986 ereignete sich im Programm von »Radio DDR II« Bemerkenswertes. Zu hören waren einige Minuten lang pfeifende und schnarrende Töne. Es war die erste Übertragung eines Computerprogramms im deutschen Rundfunk.

Mitte der 1980er Jahre begannen Kleincomputer auch in der DDR ihren Siegeszug durch Bastelkeller und Hörsäle. In Gesprächen der Wissenschaftsredaktion von »Radio DDR« mit dem Informatiker Professor Horst Völz wurde deutlich, dass eine frühzeitige Beschäftigung mit dem Thema Informatik die beste Voraussetzung war, um junge Menschen an das Thema heranzuführen. Prof. Völz entwickelte daraufhin gemeinsam mit Dr. Joachim Baumann von der Schulfunkredaktion ein Konzept für eine Sendereihe zum Thema »Programmieren mit Basic«. Doch würde ein solcher Sendeinhalt genehmigt werden? Und was passierte mit einem Rundfunksender, wenn er ein Basicprogramm übertrug?

Die Beteiligten beschlossen, einen ersten Versuch zu wagen. In der Wohnung von Professor Völz wurde ein Gespräch zum Thema Jugend und Computer aufgezeichnet und ein Beitrag über »Grundregeln zum effektiven Programmieren in BASIC« erstellt. Diese Sendung war es, die im Oktober 1986 im Wissenschaftsmagazin von »Radio DDR II« ausgestrahlt wurde. Obwohl sie öffentlich nicht angekündigt wurde, war die Reaktion der Hörer überwältigend. Und so bekam das

»Basic 1x1 des Programmierens« ab Januar 1987 mit 20 Folgen einen festen Programmplatz. In den Beiträgen wurden Schritt für Schritt einzelne Softwarebefehle und ihre Anwendung im Programmierumfeld erläutert. Zum Abschluss wurden die passenden Computerprogramme im Radio gesendet.

Wie das möglich war? Computerprogramme für Heimcomputer der 1980er Jahre wurden auf handelsüblichen Audiokassetten gespeichert. Dabei wurden die digitalen Computersignale in eine analoge Tonfolge umgewandelt und diese dann wie Musik auf der Kassette gespeichert. Um ein Programm in den Computer einzulesen, wurde die Tonaufzeichnung abgespielt und im Computer wieder in Software umgewandelt. Diese Art der Speicherung machte es möglich, die akustischen Softwaresignale wie Musik im Radio zu senden.

Eine besondere Herausforderung stellte die Modulation des Sendesignals dar. Die in den ersten Sendungen ausgestrahlten Programme konnten nach dem Empfang von einigen Computern nicht sicher eingelesen werden. Als Fehlerquelle stellte sich die Aufzeichnung der Softwaretöne im Studio heraus. Nachdem diese Aufzeichnung auf die Nutzung eines Tonkanals im Stereosignal umgestellt wurde, verbesserten sich die Ergebnisse deutlich.

Bei den Radiohörern riefen die Computersendungen ein großes Interesse hervor. In der Redaktion von »Radio DDR II« gingen in den Sendemonaten etwa 50.000 Hörerzuschriften ein. Neben Rückmeldungen zur Sendung war vor allem das Begleitmaterial zur Sendung sehr begehrt. Dieses konnte per Post angefragt werden und enthielt zusätzliche Informationen zu den verwendeten Programmiertechniken.

In den folgenden Jahren wurden im DDR-Radio zahlreiche Sendungen zu verschiedenen Themen rund um Programmierung und Computer ausgestrahlt. Auf »Grundlagen des Programmierens« folgte »Basic für Fortgeschrittene«, »Einbindung von Maschinencode« und »Programmieren in Basicode«. Die Übermittlung von Computerprogrammen war dabei immer Bestandteil.

Und welche Computerprogramme wurden in der ersten Ausstrahlung übertragen? Es waren drei Programme zur Berechnung von Primzahlen.

Deutschlands höchster Antennenträger

Der Berliner Fernsehturm: Für die einen ist er ein Wahrzeichen Berlins, für die anderen der schönste Antennenträger Deutschlands.

Als der Fernsehturm im Oktober 1969 offiziell eingeweiht wurde, war dem eine bereits 15 Jahre lange, wechselvolle Geschichte vorausgegangen. Sie begann Anfang der 1950er Jahre mit der Einführung des Fernsehens.

Für den Osten Berlins gab es nach dem europäischen Wellenplan nur zwei Sendefrequenzen für die Fernsehübertragung. Um damit die ganze halbe Stadt versorgen zu können, entstand sehr schnell die Idee, einen leistungsstarken Fernsehsender mit einer möglichst hoch gelegenen Antenne zu bauen.

Nach ersten Vorplanungen begannen 1954 in den Berliner Müggelbergen die Bauarbeiten für eine Antennenanlage mit etwa 130 Metern Höhe – die zwei Jahre später ein jähes Ende fanden. Es hatte sich herausgestellt, dass der hier geplante Antennenträger zu nah am neuen Flughafen Berlin-Schönefeld gestanden hätte. Ein neuer Standort musste her und wurde 1960 mit dem Volkspark Friedrichshain gefunden. Doch auch hier wurde kein Fernsehturm gebaut – fehlende finanzielle Mittel beendeten den Bau, bevor er richtig begann.

Diese Verzögerungen gaben einer weiteren Idee eine neue Chance: einem Wahrzeichen Berlins mitten im Zentrum der

Stadt. Und so wurde im Sommer 1964 das Gelände am Bahnhof Alexanderplatz als Standort für den Berliner Fernsehturm bestimmt. Damit war auch klar, dass der neue Turm neben seiner funktechnischen Aufgabe auch für Besucher zugänglich werden sollte. Dieser Entscheidung verdankt der Berliner Fernsehturm sein heutiges Aussehen.

Im Frühjahr 1965 begannen die Abrissarbeiten des zu diesem Zeitpunkt mit Geschäfts- und Wohnhäusern bebauten Geländes. Nachdem das bis zu sechs Meter tiefe Fundament zum Jahresende 1965 fertiggestellt war, konnte der Aufbau des konischen Turmfußes beginnen. Darauf wurde in Kletterbauweise der Turmschaft aus Stahlbeton gegossen. Dieser ist am Fuß 16 Meter breit und hat in 248 Meter Höhe einen Durchmesser von neun Metern. Die Abdrücke der Schalhölzer des Betons sind heute noch gut zu erkennen. Auf diesen Betonturm wurde aus einzelnen Segmenten die charakteristische Kugel mit einem Durchmesser von 32 Metern aufgebaut.

In 203 Metern Höhe wurde eine Aussichtsplattform eingerichtet und vier Meter darüber das sich drehende Restaurant. Beide Ebenen sind mit Fenstern versehen und ermöglichen einen einmaligen Blick auf Berlin. Am 3. Oktober 1969 wurde der Berliner Fernsehturm offiziell eingeweiht und am 7. Oktober 1969 für Besucher geöffnet.

Für den Techniker aber beginnt der Fernsehturm in Ebene »212 Meter«. Vier Arbeitsetagen hat die Kugel des Fernsehturms über dem Restaurant. Auf zwei Etagen verteilt stehen hier Hörfunk- und Fernsehsender für die Übertragung von zahlreichen Programmen. Von diesen Sendern führen teilweise wasserrohrstarke Leitungen hinauf zu den Antennen, die sich in der 121 Meter hohen, rot-weißen Spitze des Berliner Fernsehturms befinden.

Dabei besteht der Antennenzylinder im unteren Teil aus Stahl, auf dem ein glasfaserverstärkter Kunststoffzylinder (GFK) aufgesetzt ist. Zahlreiche Antennen sind in dem Antennenzylinder installiert und ermöglichen eine Rundfunkversorgung im Umkreis von etwa 100 Kilometern.

Große Rundfunksender müssen gekühlt werden und so nehmen die Klimaaggregate für die Sender fast eine ganze Etage ein. Und für den hoffentlich nie eintretenden Fall eines Brandes ist in der obersten Arbeitsetage eine Löschgasanlage installiert.

Über eine Million Menschen besuchen jährlich den Berliner Fernsehturm und genießen die Rundumaussicht im zweithöchsten Gebäude Deutschlands. Und wer einmal einen Sender vom Berliner Fernsehturm sehen möchte – im Museum auf dem Funkerberg hat sein letzter analoger Fernsehsender ein neues Zuhause gefunden.

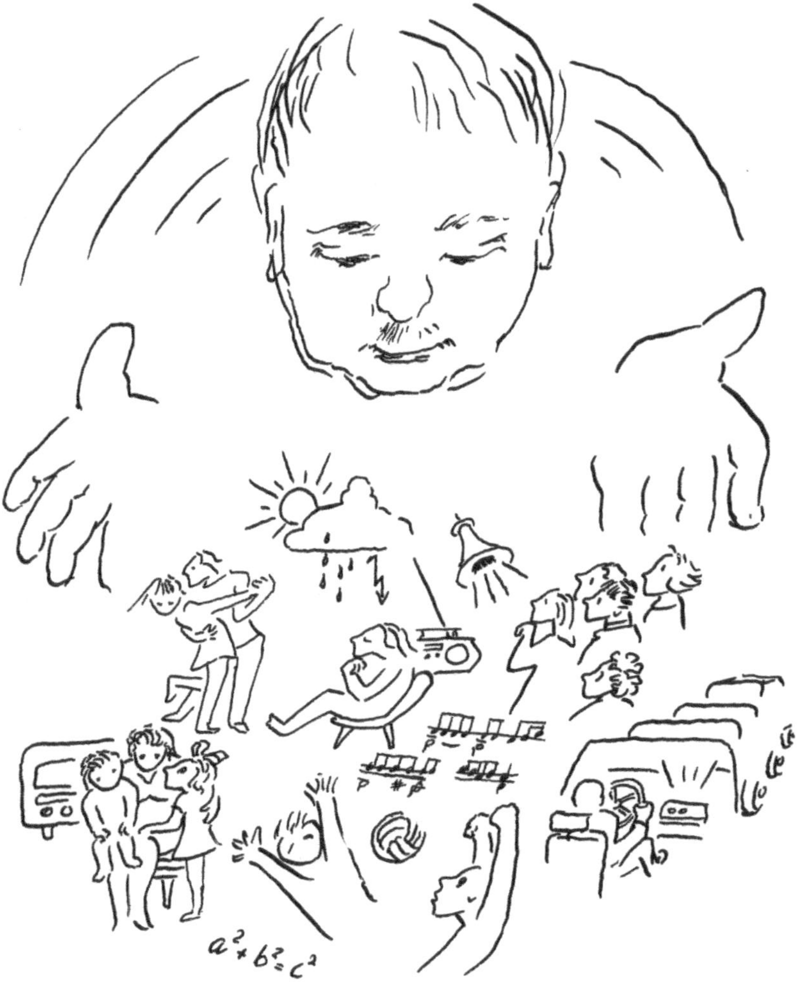
$a^2 + b^2 = c^2$

Rundfunk für jedermann

Hans Carl August Friedrich Bredow wurde am 26. November 1879 in Schlawe im damaligen Westpommern geboren. Nach der Schule begann Hans Bredow eine Lehre als Elektrotechniker in Hamburg. Anschließend legte er sein Abitur ab, studierte Elektrotechnik und begann im Jahr 1903 bei der AEG als Ingenieur im Bereich Starkstromanlagen.

Die Bildung der Gesellschaft für drahtlose Telegraphie führte Bredow 1904 in die neue Telefunken Gesellschaft. Hier gelang ihm bereits im Jahr 1907 ein großer Erfolg – das Durchbrechen des bisherigen Marconi-Monopols im Schiffsfunk. Damit erwarb Bredow großes Ansehen und wurde im Jahr 1908 Technischer Direktor.

Während des Ersten Weltkrieges führte Hans Bredow an der Front Versuche mit Röhrensendern durch und ließ dabei Gedichte vorlesen und Musik übertragen. Zuhörer dieser ersten Übertragungen waren die Funker in ihren Bunkern und Schützengräben, die sich voller Begeisterung über die akustische Abwechslung äußerten. Die Heeresleitung allerdings unterband diesen »Unfug« – die Idee des Rundfunks für jedermann aber war geboren.

Nach dem Ende des Ersten Weltkrieges wechselte Bredow als Staatssekretär ins Reichspostministerium und war nun für die Entwicklung des deutschen Funkwesens verantwortlich. Neben der kommerziellen Nutzung hatte er auch immer den Rundfunk als Unterhaltungsmedium vor Augen. Daher beschloss er, dieses Thema in der Öffentlichkeit bekannter zu machen.

Auf Initiative von Hans Bredow lud Reichspostminister Johannes Giesberts am 17. November 1919 zahlreiche Vertreter von Behörden, aus Wissenschaft und Presse in die Berliner Urania ein. Hier hielt Bredow einen Vortrag über die zukünftigen Möglichkeiten des öffentlichen Funks für jedermann. Die Aussicht auf Zugang zu Wissen und Kultur, Informationen und Musik für alle Bevölkerungsschichten rief beim anwesenden Publikum nur bedingt Begeisterung hervor. Zu wenig vorstellbar schien diese Vision.

Um seinen Zuhörern die Bedeutung der Idee begreiflicher zu machen, führte Hans Bredow einen praktischen Versuch durch. Von einem Röhrensender am zwei Kilometer entfernten Schiffbauerdamm ließ er Sprache und Musik übertragen und über einen einfachen Lautsprecher im Saal wiedergegeben. Allerdings war die Wiedergabe in der Urania völlig unzureichend. Der Ton war zu leise, die Sprache schwer verständlich, eine Erhöhung der Lautstärke führte zu starken Verzerrungen. Die Enttäuschung war auf allen Seiten groß.

Für Hans Bredow war die Veranstaltung ein Rückschlag. Die Presse ignorierte seine Ideen, das Ansehen im Reichspostministerium hatte stark gelitten. Aber Bredow gab nicht auf. Im Frühjahr 1920 begannen die Reichspostbeamten auf dem Funkerberg in Königs Wusterhausen mit Versuchen zur Rundfunkübertragung. Kontinuierlich wurden Qualität und Technik verbessert.

Am 22. Dezember 1920 war es dann soweit – mit dem heute legendären Weihnachtskonzert wurde die erste Rundfunksendung Deutschlands ausgestrahlt. Die Reaktionen waren beeindruckend. Aus vielen europäischen Ländern kamen Empfangsberichte, in denen die Hörer die gute Verständlichkeit und den angenehmen Klang der Übertragung lobten. Die Sendung war ein voller Erfolg.

In den kommenden Jahrzehnten erlebte der Rundfunk eine rasante Entwicklung, die Hans Bredow mitgestaltete und die ihn zeit seines Lebens beschäftigte. Die Übertragung in der Berliner Urania blieb für Hans Bredow dabei immer unvergessen.

Der Dicke

Zum drahtlosen Senden von Informationen braucht man Antennen. Abhängig von der genutzten Frequenz können diese einige Millimeter oder auch viele Meter lang sein. Als der Rundfunk in den 1920er Jahren begann, konnte man anfänglich nur auf sehr tiefen Frequenzen funken. Dafür brauchte man lange Antennen, sehr lange Antennen.

Um den wachsenden Anforderungen gerecht zu werden, wurden auf dem Funkerberg in Königs Wusterhausen ab 1923 die Senderhäuser 2 und 3 gebaut. Um diese Senderhäuser herum wurden sechs Antennenmasten mit einer Höhe von jeweils 210 Metern errichtet. Sie standen in einem Kreis von etwa 850 Meter Durchmesser und ermöglichten es, riesige Antennen von einigen Hundert Meter Länge daran zu befestigen.

Im Zentrum stand ein weiterer, 210 Meter hoher Mast. Schnell wurde klar, dass dieser den mechanischen Belastungen durch die Antennen nicht standhalten würde. Und so wurde der Bau des Mittelturmes beschlossen.

Der Mittelturm von Königs Wusterhausen erhielt einen dreieckigen Querschnitt. Seine Beine standen im Abstand von 50 Metern auf massiven Fundamenten und wurden mit jeweils 32 Isolatoren elektrisch von der Erde getrennt. Von den Fußpunkten ausgehend liefen die Träger zu einem Portal in etwa 30 Meter Höhe zusammen. Von dort aus verjüngte sich der Turm nach oben konisch. In der Turmmitte befand sich ein 90 Zentimeter dickes Rohr, in dem eine Steigleiter und ein einfacher Fahrkorb zum Materialtransport installiert waren. Um dieses Rohr herum verlief eine Wendeltreppe, über die alle 20 Meter eine Wartungsebene mit breiten Querstegen erreichbar war. Dadurch konnte der Mittelturm auf seiner gesamten Länge ohne weitere Hilfsbauten gewartet werden. Der Aufstieg über die Wendeltreppe dauerte etwa 45 Minuten.

An der Spitze befand sich eine Kuppel mit einem Durchmesser von rund zehn Metern. Ursprünglich für technische Einbauten vorgesehen, wurde sie später zum Aufenthalt bei der Wartung genutzt. Anzumerken ist, dass die Windlast des Mittelturmes selbst deutlich höher war als die Belastung durch die an ihm befestigten Antennen.

Im Jahr 1925 wurde der Mittelturm auf dem Funkerberg in Königs Wusterhausen in Betrieb genommen und war zu diesem Zeitpunkt mit 243 Metern das höchste Bauwerk in Deutschland. Im Volksmund wurde er aufgrund seiner Bauform »der Dicke« genannt.

47 Jahre diente der Mittelturm als Antennenträger. Am 13. November 1972 tobte ein Orkan mit gewaltigen Windstärken über das Land. Den auftretenden Belastungen hielt der Turm nicht stand und fiel gegen 12:45 Uhr in nordöstlicher Richtung zu Boden. Wie durch ein Wunder kam niemand zu Schaden, doch die Antennen waren zerstört. Nach intensiven Untersuchungen konnte der Grund für den Einsturz des Antennenträgers gefunden werden: Der Flussstahl einer Querstrebe in etwa 30 Metern Höhe war im Laufe der Jahre spröde geworden und unter der Windlast gebrochen. Die verbleibende Konstruktion hatte die auftretenden Kräfte nicht mehr ableiten können und war daraufhin im nordöstlichen Eckstiel eingeknickt.

In den folgenden Jahren wurden die den Mittelturm umgebenden 210 Meter-Masten demontiert und durch moderne Antennenanlagen ersetzt. Nur Mast 17 durfte stehen bleiben – aber das ist eine andere Geschichte.

BBC

Die Entwicklung des Rundfunks nahm in den 1920er Jahren sehr unterschiedliche Wege. In den Vereinigten Staaten konnte anfänglich jeder senden, der es zu bezahlen vermochte. In vielen europäischen Ländern wurden dagegen staatlich kontrollierte Sender aufgebaut.

In England begannen Anfang 1920 die Hersteller von Empfangsgeräten mit ersten Rundfunkversuchen. Um ungeordnete Zustände zu vermeiden, lehnte die britische Post vorerst Anträge auf eine dauerhafte Rundfunklizenz ab. Der gesellschaftliche Druck nahm jedoch stetig zu und so erteilte sie am 1. November 1922 eine einzige Sendelizenz. Damit entstand eine der erfolgreichsten Sendeanstalten der Welt: die British Broadcasting Company, BBC.

Gegründet wurde die BBC von sechs englischen und amerikanischen Firmen. Diese wollten durch die Verbreitung eines Rundfunkprogramms die Absätze der von ihnen vertriebenen Empfangsgeräte steigern. Zusätzliche Einnahmen erhielten sie durch einen Anteil der Nutzungsentgelte, welche die Hörer bei der britischen Post entrichteten. Bereits am 14. November 1922 wurde die erste Sendung aus dem Londoner Studio im Marconi-Haus gesendet. Zwei Monate später hatte die BBC bereits 35.000 Hörer.

Als die Anzahl der registrierten Rundfunkhörer 1924 eine Million überschritt, stand dem schon ein gewaltiger Sendeaufwand gegenüber. Fast 500 Angestellte hatte die BBC zu diesem Zeitpunkt. Das Programm wurde über 20 Sendestandorte verbreitet und konnte in ganz Großbritannien empfangen werden.

Die steigenden Betriebskosten konnten jedoch bald nicht mehr aus den Radioverkäufen finanziert werden und so wurde die BBC im Januar 1927 als British Broadcasting Corporation zu einer Körperschaft des öffentlichen Rechts. Die bisherigen Eigentümer wurden ausgezahlt und die Gesellschafteranteile an die britische Post übertragen. Per Royal Chapter wurde die neue BBC zu Unabhängigkeit, Neutralität und Ausgewogenheit verpflichtet.

In den kommenden Jahren etablierte sich die BBC als seriöse Informationsquelle. Generaldirektor John Reith hatte von Beginn an auf die Unabhängigkeit vom Staat geachtet und diese gegen starke Ansprüche verteidigt. Sinnbild wurde die Selbstverpflichtung der BBC: »Die reine Wahrheit – verbreitet von Gentlemen«. Um beispielsweise Nachrichten die entsprechende Würde zu verleihen, wurden diese zu jener Zeit üblicherweise im Frack verlesen. Mit dem Beginn des Zweiten Weltkrieges wurde die Selbstverpflichtung zur Wahrheit auf eine harte Probe gestellt. Dass die BBC ihren englischen Hörern die negativen Auswirkungen des Kriegs im eigenen Land sehr real darstellte, traf anfänglich auf großen Widerstand. Und doch wurde »Telling the truth« zum Markenkern der BBC.

Bereits 1932 hatte die englische Rundfunkanstalt mit dem BBC World Service begonnen, über die Kurzwelle ein internationales Programm zu senden. Anfänglich vor allem zur Versorgung der Commonwealth-Staaten gedacht, wurde ab 1938 auch in deutscher Sprache gesendet. Und diese Sendungen sollten in den nächsten Jahren eine große Bedeutung erhalten.

Während des Zweiten Weltkrieges lief die Propagandamaschine der Nationalsozialisten auf Hochtouren. Das Programm war zunächst dominiert von Lageberichten, Siegesmeldungen und Durchhalteparolen. Wahre Information enthielten diese Meldungen jedoch oft nicht. Später wurde vor allem seichte Unterhaltungsmusik gesendet, um das Volk nicht zu beunruhigen.

Im Gegensatz dazu war für viele Deutsche der Auslandsdienst der BBC eine glaubhafte Informationsquelle. Obwohl das Hören ausländischer Sender bei Strafe verboten war, verfolgten viele Tausend Deutsche regelmäßig die Sendungen aus London. Sie hörten aktuelle Nachrichten, ausführliche Hintergrundinformationen und auch satirische Programminhalte. Legendär wurden ab 1941 die Sendungen »Deutsche Hörer!« von Thomas Mann. Dass auch Niederlagen der alliierten Truppen vermeldet wurden, stärkte die Rolle der BBC als zuverlässige Informationsquelle.

Heute gilt die BBC als weltweit größte öffentlich-rechtliche Rundfunkanstalt. Sie verbreitet Radio- und Fernsehprogramme auf der ganzen Welt und erreicht monatlich fast 500 Millionen Nutzer in 40 Sprachen. Die BBC setzte weltweit Maßstäbe in der Aktualität und Neutralität der Informationen und wurde zum Symbol für freien Journalismus. Getrieben durch finanzielle Beschränkungen, den Wandel in der Medienlandschaft und durch die Digitalisierung hat sie in den vergangenen Jahren starke Veränderungen durchlebt. Die Philosophie der BBC aber hat sich nicht geändert.

Die Nürnberger Prozesse

Sit down please.
verhaltene Geräusche eines großen Saales
Attention.
The International Military Tribunal will now enter.

So begann am 20. November 1945 die Nürnberger Prozese gegen die Hauptkriegsverbrecher des Zweiten Weltkriegs. Grundlage dieses Prozesses war das Londoner Viermächteabkommen vom 8. August 1945, in dem das »Londoner Statut« die Bildung eines Internationalen Militärgerichtshofes festschrieb. Dieser wurde von Großbritannien, den USA, Frankreich und der UdSSR gebildet und sollte eine gerechte und schnelle Bestrafung der Hauptkriegsverbrecher unter rechtsstaatlichen Prinzipen sicherstellen.

Eine sich daraus ergebende Besonderheit war, dass der Nürnberger Prozess in vier Sprachen abgehalten wurde: Englisch, Deutsch, Französisch, Russisch. Um das Prinzip der Rechtsstaatlichkeit umzusetzen, war es also notwendig, sämtliche Aussagen in alle Sprachen zu übersetzen.

Allerdings war bis 1945 lediglich das Verfahren der konsekutiven Übersetzung bekannt. Dabei beginnt die Übersetzung erst nach dem Ende der ursprünglichen Rede. Für den Prozess hätte dies bedeutet, dass für alle Aussagen mindestens die doppelte Zeit benötigt würde.

So kam es, dass in den zehn Monaten der Nürnberger Prozesse erstmals in der Geschichte die Simultanübersetzung angewandt wurde. Dafür gab es mehrere Gruppen von Übersetzern für jede Sprache, die unter schwierigen Bedingungen in Echtzeit möglichst genau übersetzten. Hinzu kam die damals unzuverlässige Technik, sodass immer wieder Verzögerungen und Unterbrechungen auftraten.

Die große Bedeutung der Übersetzung wird klar, wenn man bedenkt, dass diese die Grundlage für die Dokumentation und damit auch die Urteilsfindung in diesem Prozess bildeten.

Aber die Nürnberger Prozesse wurden auch auf einem anderen Weg festgehalten – durch akustische Mitschnitte auf Lackplatten. Zwei Aufzeichnungen liefen jeweils parallel, sodass eine nahezu vollständige, akustische Aufzeichnung der Prozesse vorhanden ist. Die entstandenen, knapp 2.000 Schellllackplatten wurden viele Jahrzehnte im Archiv des Internationalen Gerichtshofes in Den Haag aufbewahrt.

Im Jahr 2017 wurden diese Aufzeichnungen in Frankreich digitalisiert und restauriert. Die Qualität der Aufnahmen ist beeindruckend – Rauschen und Knacksen sind fast vollständig verschwunden – und ihre Verständlichkeit ist hervorragend.

Und noch etwas ist durch diese Bearbeitung aufgefallen: Die Akten der Nürnberger Prozesse sind unvollständig. Immer wieder kommt es vor, dass durch Simultanübersetzung und anschließende Protokollierung einzelne Aussagen nicht vollständig vorhanden sind. Dabei handelt es sich oftmals um Schimpfwörter, Flüche oder auch besonders drastische Schilderungen, die der damaligen Moral der Protokollanten zum Opfer gefallen sein dürften.

Das Holocaust Museum in Washington hat die restaurierten Aufnahmen der Nürnberger Prozesse für die Öffentlichkeit zugänglich gemacht. Wer sich diese anhört, dürfte erkennen: Zur Entlastung der Angeklagten sind die fehlenden Textstücke nicht geeignet.

Ein Ton für die Ewigkeit

Zwei Männer, eine Leidenschaft und ein technischer Zufall.

Der 1899 in Münster geborene Bernhard Ernst war ein Radio-Sportreporter der ersten Stunde. Am 1. November 1925 kommentierte er ein Meisterschaftsspiel des SC Preußen Münster gegen Arminia Bielefeld. Diese Begegnung, übertragen von der Westdeutschen Funkstunde, gilt als das erste Fußballspiel, das live im deutschen Radio zu hören war.

Für die Übertragung wurde das Mikrofon hinter einem Tor installiert und eine aufwendige Modulationsleitung zum Sender verlegt. Davon wusste ein junger Postbeamter nichts und entfernte die unbekannte Schaltung. Notdürftig wurde eine einfache Telefonleitung als Ersatz genutzt. Und so kommentierte Bernhard Ernst das erste im Radio übertragene Fußballspiel mit einem Telefon. Tonaufzeichnungen dieses Kommentars existieren nicht.

Am 29. November 1917 wurde Herbert Zimmermann geboren. Bereits während des Zweiten Weltkrieges sammelte er erste Erfahrungen als Reporter und absolvierte ein Volontariat. Nach dem Ende des Krieges begann Zimmermann als Sprecher beim NWDR mit dem Verlesen von Wasserstandsmeldungen und Suchlisten. Doch schon bald konnte er seiner Leidenschaft folgen und in den Sportbereich wechseln. Erste Kommentare von Fußballspielen oder Boxkämpfen blieben nicht unbeachtet und so bekam er die Möglichkeit, 1948 von den Wettkämpfen der Olympischen Spiele in London zu berichten. Aus dieser Zeit stammt die erste erhaltene Tonaufzeichnung von Herbert Zimmermann.

Bernhard Ernst und Herbert Zimmermann kommentierten beide das Endspiel der Fußball-Weltmeisterschaft im Jahr 1954 in Bern – der eine für das Fernsehen, der andere für das Radio.

Zum damaligen Zeitpunkt waren Aufzeichnungen des Fernsehbildes noch nicht möglich. Ob der Mitschnitt des Kommentars von Bernhard Ernst zum Fernsehbild überhaupt erfolgte, ist heute nicht mehr zu ergründen. Sicher ist, dass sein Kommentar zur Vertonung des offiziellen FIFA-Bildmaterials nicht zur Verfügung stand.

Um die Bilder des WM-Finales nicht stumm zu lassen, kam man auf die Idee, die wichtigsten Szenen mit dem Radiokommentar von Herbert Zimmermann zu unterlegen: »Aus dem Hintergrund müsste Rahn schießen – Rahn schießt – Tooooor! Tooooor! Tooooor! Tooooor!« Diese stimmungsvollen, mit viel Emotion vorgetragenen Worte von Herbert Zimmermann vertonten den Ausgang des Weltmeisterfinales. Sie stehen wie kein anderes Tondokument für den ersten deutschen Fußball-Weltmeistertitel und den Aufbruch eines ganzen Landes in eine neue Ära.

Zeit seines Lebens wurde Herbert Zimmermann mit dem Kommentar des Endspieles von 1954 in Verbindung gebracht. Er wurde in Filmen verwendet und zu Musik gemacht. Sogar die WM-Spieler von 1954 waren von seinen Worten beeindruckt.

Von Bernhard Ernst gibt es keine Aufzeichnungen seiner Kommentare zweier wirklich großer Radiofußballereignisse. Vergessen ist er jedoch nicht: Nach seinem Tod benannte die Stadt Münster eine Straße in der Nähe seiner früheren Wirkungsstätte nach ihm.

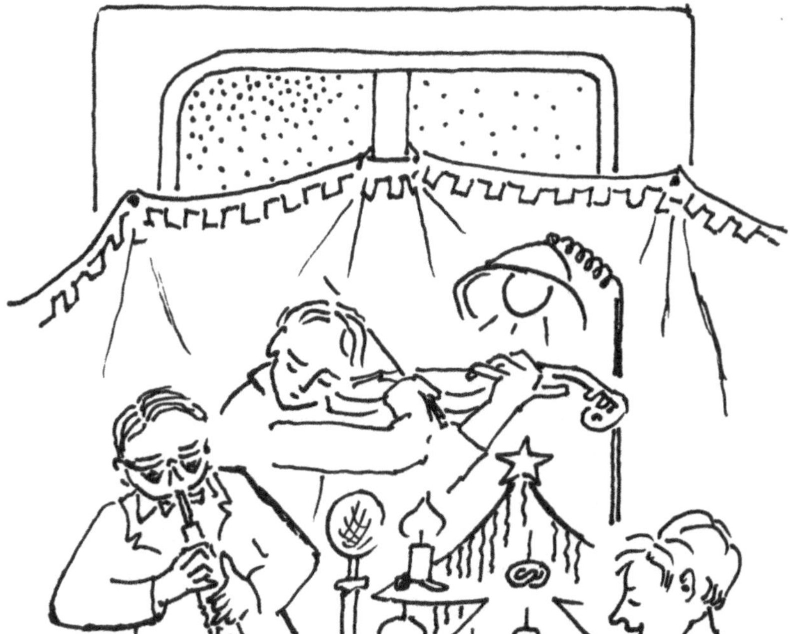

Wie Königs Wusterhausen zur Wiege des Rundfunks wurde

Die Geschichte des Rundfunks aus Königs Wusterhausen begann im Jahr 1911, als auf dem hiesigen Windmühlenberg erstmals Funkversuche durchgeführt wurden. Mit Pferdefuhrwerken wurden mobile Sender auf den Berg gebracht, die Antennen mit Ballonen in der Luft gehalten. Die Versuche waren erfolgreich – und so wurde an diesem Platz die Zentralfunkstation des Deutschen Heeres errichtet.

Nach dem Ersten Weltkrieg wurde Deutschland entmilitarisiert und das Senderhaus 1 auf dem Funkerberg der Deutschen Reichspost zugeordnet. Der Telefunkenvorstand Hans Bredow wurde Ministerialdirektor im Reichspostministerium und erhielt die Aufgabe, eine zivile Nutzung der bisher militärischen Anlagen zu finden. So entstand der Wirtschaftsrundfunk.

Ob es eine Anweisung oder eine Bitte war, ist nicht überliefert – auf Anregung von Hans Bredow begannen die Techniker und Ingenieure der Sendestelle Königs Wusterhausen im Frühjahr 1920 mit Experimenten zur Übertragung von Sprache und Musik über einen Längstwellensender. Dabei hatten die Techniker der Reichspost zahlreiche Probleme zu lösen. Mikrofone gab es damals noch nicht und so nutzten sie Sprechkapseln aus Telefonen, um Sprache und Musik in elektrische Schwingungen umzuwandeln. Auch die Modulation bereitete anfänglich Schwierigkeiten und wurde mit der

Anwendung der Pungs-Spule gelöst. Und zur Übertragung der Musik von Schellackplatten wurden die Sprechkapseln vor den Trichter des Grammophons installiert.

Anfänglich noch als technische Versuche bezeichnet, führten die Techniker im Verlauf des Jahres immer öffentlicher Testsendungen durch. Die Sendungen blieben nicht unbemerkt und galten für manchen als Schwarzfunk, doch Hans Bredow hielt an den Versuchen fest.

Höhepunkt wurde der 22. Dezember 1920. Um 14 Uhr begannen die Königs Wusterhausener Rundfunkpioniere mit der Ausstrahlung eines Weihnachtskonzertes. Die Hörer wurden begrüßt, es wurde Musik live und vom Grammophon gespielt. Zum Abschluss wünschten die ersten Radiomacher ein fröhliches Weihnachtsfest.

Über diese Radiosendung konnte man am nächsten Tag im »Escher Tageblatt« lesen: »In Deutschland hat die neue Radiostation Königs Wusterhausen bei Berlin seit Monaten sehr gut gelungene radiotelefonische Versuche angestellt und ist zu einem regelmäßigen täglichen Nachrichtendienst übergegangen. Als Abschluss dieser Versuche aber, wie eine deutliche, klangvolle Stimme gestern Nachmittag um 2 Uhr verkündete, ›Zum Zeichen, das die Station jetzt großjährig geworden ist und nicht mehr als Versuchskarnickel dienen wird!‹ veranstaltete sie gestern ein Weihnachtskonzert.«

Doch wer konnte diese erste Radiosendung aus Deutschland hören? Zum einen waren es die Beamten der Reichspostempfangsstellen, deren Aufgabe es war, die Wirtschaftsnachrichten abzuhören und weiterzugeben. Das Programm aus Königs Wusterhausen dürfte für sie eine willkommene Abwechslung gewesen sein.

Eine weitere große Hörergruppe kam aus dem Ausland. Zahlreiche Empfangsbestätigungen aus Russland und England, aus Luxemburg und den nordischen Staaten zeugten von der erfolgreichen Sendung.

Und in Deutschland? 1920 war das Abhören der Funkwellen noch verboten. Trotzdem gab es auch hier zahlreiche Hörer – Schwarzhörer. Sie nutzten einfache Detektorempfänger, installierten Langdrahtantennen auch mal als Wäscheleine und verfolgten so die Sendungen aus Königs Wusterhausen. Empfangsbestätigungen liegen von diesen Zaungästen verständlicherweise nicht vor.

Der Entdecker der Wellen

»Es ist mir gelungen, sehr sichtbar die Induktionswirkung eines ungeschlossenen, geradlinigen Stroms auf einen anderen ungeschlossenen, gradlinigen Strom darzustellen, und ich darf hoffen, dass der betretene Weg mit der Zeit die eine oder andere, an diese Erscheinung sich knüpfende Frage zu lösen gestatten wird.« Diese Zeilen schrieb Heinrich Hertz am 5. Dezember 1886 an Hermann von Helmholtz – und sie waren die Vorboten zur Entdeckung der elektromagnetischen Wellen.

Heinrich Rudolf Hertz wurde am 22. Februar 1857 in Hamburg geboren. Nach dem Abitur arbeitete er ein Jahr als technischer Zeichner in Frankfurt am Main. Anschließend besuchte er das Polytechnikum in Dresden und beschäftigte sich hier mit Philosophie, Mathematik und analytischer Mechanik. Nach dem Militärdienst ging er 1877 nach München und begann ein Studium mit dem Ziel, Bauingenieur zu werden. Schon bald jedoch überwog das Interesse für die Naturwissenschaft und er wechselte die Fachrichtung. Mathematik und Mechanik, aber auch Physik und Chemie waren Themen, die ihn nie wieder loslassen sollten. Im Oktober 1878 ging Heinrich Hertz an die Universität in Berlin, wo er auf seinen Lehrer und Förderer Hermann von Helmholtz traf. Dieser machte ihn mit den Theorien von Maxwell bekannt.

In den modern ausgestatteten Berliner Laboratorien konnte Hertz erste Versuche mit Elektrizität durchführen. Im Alter von 23 Jahren erhielt er für seine Arbeit »Über die von Magneten induzierten elektrischen Ströme in rotierenden Kugeln« den Doktortitel, obwohl er erst vier Semester studiert hatte. Anschließend arbeitete er zwei Jahre als Assistent im Labor von Helmholtz und schrieb in dieser Zeit Arbeiten in theoretischer und experimenteller Physik.

Im März 1883 ging Heinrich Hertz als Privatdozent nach Kiel. Hier beschäftigte er sich intensiv mit den Theorien von Maxwell, konnte aufgrund mangelnder Ausstattung jedoch nur bedingt experimentieren. Das änderte sich, als er 1885 Professor an der technischen Hochschule in Karlsruhe wurde.

Nach einigen Anfangsschwierigkeiten begann Heinrich Hertz 1886 mit Versuchen zur Funkeninduktion. Im Ergebnis entstand der sogenannte Hertzsche Dipol. Dieser besteht aus zwei Metallkugeln, die durch einen Metalldraht verbunden sind und einen Schwingkreis bilden. Der Metalldraht ist in der Mitte unterbrochen. Nach Aufladung – durch einen Ruhmkorff-Induktor – entsteht an dieser Stellte der elektrische Funke. Mit der so erzeugten elektromagnetischen Energie konnte Hertz in einem weiteren, zum Rechteck geformten Draht, der ebenfalls an einer Stelle unterbrochen ist, einen kleinen Funken erzeugen. Mit diesem Versuchsaufbau gelang es Heinrich Hertz, die Eigenschaften der elektromagnetischen Energie zu erforschen.

Die Jahre 1886 und 1887 waren geprägt von unzähligen Versuchen und zahlreichen Erkenntnissen. So erwähnte Hertz im Zusammenhang mit seinen Versuchen zur Ausbreitungsgeschwindigkeit am 28. Dezember 1887 erstmalig den Wellencharakter der von ihm untersuchten unsichtbaren Kräfte. Am 13. Dezember 1888 konnte Heinrich Hertz der Berliner Akademie der Wissenschaften die Ergebnisse präsentieren. In seinem Forschungsbericht »Über Strahlen elektrischer Kraft« bestätigte er die Theorien von Maxwell, bewies Existenz und Form der elektromagnetischen Felder und erkannte die Resonanz als wesentliche Voraussetzung für das erfolgreiche Übertragen der Energie.

Sechs Jahre später, im Alter von nur 37 Jahren, starb Heinrich Hertz an einer Blutvergiftung, ausgelöst durch eine hartnäckige Kieferentzündung. Zwar erhielt er schon zu Lebzeiten zahlreiche Ehrungen für seine bahnbrechenden Forschungen. Die durch die elektromagnetische Welle ausgelöste Informationsrevolution im 20. und die Allgegenwärtigkeit der Funkübertragung im 21. Jahrhundert dürfte er in seinen kühnsten Träumen nicht vorausgesehen haben.

Der Ton auf Draht

Der dänische Physiker Valdemar Poulsen ist den meisten Rundfunkliebhabern als Erfinder des Poulsen-Lichtbogen-Senders bekannt. Mindestens genauso bedeutend ist jedoch eine zweite Erfindung von ihm, die später eine ganze Industrie begründete: die elektromagnetische Schallaufzeichnung.

Im Jahr 1898 beschäftigte sich Poulsen mit der Frage, wie sich Schallwellen aufzeichnen und anschließend wiedergeben lassen. Die mechanische Aufzeichnung nach Edison war bereits bekannt. Poulsen jedoch verfolgte eine andere Idee: die elektromagnetische Aufzeichnung und Wiedergabe.

Der dänische Forscher nutzte für seine Versuche anfänglich Klaviersaitendraht und später Draht aus Stahl. Dieser wurde wie ein Gewinde auf eine Walze gewickelt. Zur Aufnahme wurden die elektrischen Schwingungen aus einer Telefonsprechkapsel durch einen Elektromagneten geleitet. Dieser wurde parallel an der Spule entlanggeführt und der Draht – der Schallwelle folgend – magnetisiert. Zur Wiedergabe wurde der Elektromagnet mit einem Telefonhörer verbunden. Anschließend wurde der Elektromagnet abermals an der Spule vorbeigeführt und im Telefonhörer war die aufgezeichnete Sprache hörbar.

Valdemar Poulsen meldete seine Erfindung unter der Bezeichnung Telegraphon in Dänemark, Deutschland und vielen anderen Staaten zum Patent an. Am 10. Dezember 1898 erhielt er das Patent für sein Gerät in Deutschland. Die elektromagnetische Aufzeichnung war geboren.

Eine Weiterentwicklung seines Magnettongerätes präsentierte Poulsen zwei Jahre später auf der Funkausstellung in Paris. Die Technikwelt war fasziniert und er gewann den Grand Prix für die beste Erfindung. Im Oktober 1901 stellte Poulsen sein Telegraphon dem Kaiser von Österreich-Ungarn, Franz-Joseph I., vor. Die an diesem Tag entstandene, etwa 20 Sekunden lange Aufzeichnung existiert noch heute und gilt als älteste erhaltene magnetische Sprachaufzeichnung der Welt.

Wirtschaftlichen Erfolg hatte Valdemar Poulsen mit seinem Telegraphon nicht. Es fehlte vor allem die Möglichkeit, die Lautstärke zu erhöhen. Erst die Erfindung von flexiblem Magnetband, dem elektrischen Verstärker und dem Lautsprecher ließen aus dem Telegraphon von Poulsen einen Erfolg werden: als Bandmaschine, Tonbandgerät, Kassettenrecorder und Walkman.

Die Nachtigall von Königs Wusterhausen

Trude Hesterbergs Wilde Bühne –
das neue Dezember Programm, täglich 9 Uhr

Rheingold Kaisersaal, Grösster Tanzpalast Deutschlands,
mit 4 Uhr Tanz Tee

Bechsteinsaal, 8 Uhr, Lieder- und Arienabend

Internationales Variete in der Scala –
täglich 8 Uhr – Sonntags 3 Uhr 30 zu halben Preisen

So stand es geschrieben in den Tageszeitungen im Dezember 1922. Wer damals Musik hören wollte, ging in die Theater und Schauspielhäuser, in kleine Tanzdielen und große Kasinos. Denn gesungen wurde damals immer im Original und erlebt werden konnte es nur vor Ort. Aufzeichnungen gab es noch nicht.

Edith Bach war zu diesem Zeitpunkt 26 Jahre alt und hatte ihre Ausbildung zur Opernsängerin bereits abgeschlossen. Durch Auftritte in Berlin war sie hier keine gänzlich Unbekannte mehr und tingelte durch die kleinen Berliner Bühnen.

Warum Edith Bach begann, in den Rundfunksendungen aus Königs Wusterhausen zu singen, ist nicht überliefert. Vielleicht waren die Rundfunkmacher durch einen Auftritt im Königs Wusterhausener Bahnhofshotel aufmerksam geworden, vielleicht waren es aber auch der ungewöhnliche Stimmenumfang und die Kunst der Koloratur, die sie besonders gut beherrschte.

Sicher ist, dass Edith Bach insgesamt über 20 Mal in den Sonntagskonzerten vom Funkerberg aufgetreten ist – und damit einem größeren Publikum in ganz Europa bekannt wurde. Weit also über die Grenzen hinaus, die die Bühnen in Berlin ihr boten.

Der Auftritt im entstehenden Rundfunk war damals durchaus ungewöhnlich. Gesungen wurde für ein unsichtbares Publikum – ein seltsames Gefühl für die Künstler, die doch Bühnen und Zuhörer gewohnt waren. Nun stand ihnen ein technisches Gerät, ein Mikrofon, gegenüber. Selbst hören konnten sie die Übertragungen nicht – denn es gab sie noch nicht, die Möglichkeit zur Aufzeichnung.

Auch finanziell lohnten sich die Auftritte nicht, denn die Anreise mit der Bahn musste selbst bezahlt werden. Wahrscheinlich war es der Reiz des Unbekannten, der die neuen Radiokünstler zu diesem Abenteuer motivierte.

Über Edith Bach heißt es in einer Überlieferung, dass sie einmal mit zerrissenem Kleid gesungen habe. Und das kam so: Bereits seit seiner Zeit als Militärfunkstation war das Senderhaus 1 von einem Zaun umgeben, um der Allgemeinheit den Zutritt zu erschweren. Normalerweise wurde vor den Sendungen das Tor für die Künstler geöffnet, an diesem Tag aber blieb es zu. Edith Bach kletterte kurzerhand über den Zaun und zeriss sich dabei ihr Kleid – am Gesäß. Bei der folgenden Sendung stand sie, technisch bedingt, mit dem Rücken zu den begleitenden Künstlern und soll so deren Erheiterung beigetragen haben.

Eines aber bewirkten die Auftritte von Edith Bach: Sie wurde als Sängerin aus Königs Wusterhausen in vielen Teilen Europas bekannt. Sie bekam zahlreiche Post von Zuhörern und trat nun auch außerhalb Berlins auf. Und egal, ob diese Auftritte in Spremberg, Düsseldorf oder Groningen stattfanden – angekündigt wurde sie dabei stets als Nachtigall von Königs Wusterhausen.

Auf dem Höhepunkt ihres musikalischen Schaffens fertigte die Plattenfirma Parlophon schließlich eine Schallplatte mit Edith Bach an. So kommt es, dass wir Edith Bach auch heute noch hören können.

Mit dem beginnenden Nationalsozialismus endete die Karriere von Edith Bach abrupt. Zusammen mit ihrem Mann und ihren Kindern flüchtete sie nach London – und trat mit ihrem Gesang außer in der Synagoge nie wieder öffentlich auf.

Ganz vergessen ist Edith Bach jedoch nicht. Neben der Würdigung in einer Broschüre über Königs Wusterhausener Frauen ist sie im Jahr 2016 zu einer ganz besonderen Namensgeberin geworden: In der Finanzschule des Landes Brandenburg, die sich in der Rundfunkstadt befindet, wurde ein Gebäude nach ihr benannt. Und an der Wiege des Rundfunks wird sie am Ort des Geschehens immer wieder erzählt, die Geschichte von der Nachtigall aus Königs Wusterhausen.

Wer hört denn hier Stereo?

Als am 26. Dezember 1958 der Sender Freies Berlin die erste Radiosendung Deutschlands in Stereo übertrug, gab es weder Stereo-Sender noch Stereo-Empfänger. Und doch wurde diese erste stereophone Radiosendung Deutschlands zum Beginn einer langen Erfolgsgeschichte.

Für die Wahrnehmung eines räumlichen Klanges braucht der Mensch zwei unterschiedliche akustische Signale – eines für das rechte und eines für das linke Ohr. Bereits im Jahr 1881 hatte der Franzose Clément Ader eine Oper stereophon übertragen. Er nutzte dazu von ihm verbesserte Mikrofone und Kopfhörer aus der Telefonie. Mit Hilfe spezieller Telefonleitungen gelang die Übertragung über eine Strecke von zwei Kilometern. Das später als Théâtrophone kommerziell genutzte Verfahren wurde sehr schnell beliebt, es war jedoch fest an den Ort gebunden. Mit den weihnachtlichen Versuchen überwanden die Berliner Stereophoniepioniere diese räumliche Hürde.

Für die drahtlose Stereoübertragung ist es wichtig, dass die Signallaufzeit vom Sender zum Empfänger für das linke und das rechte Audiosignal gleich lang ist. Nur so kann das menschliche Gehirn aus den beiden akustischen Informationen eine räumliche Wahrnehmung abbilden. Allerdings stand 1958 noch kein technisches Verfahren zur Verfügung, um mit einem Sender zwei Tonkanäle übertragen zu können. Doch die Berliner Radiomacher hatten eine nahezu geniale

Idee: Der SFB hatte durch die Besonderheiten der Berliner Rundfunklandschaft zwei UKW-Sender am gleichen Standort. Und so wurde für die Übertragung des linken Kanals der Sender des SFB1 benutzt und für den rechten der Sender des SFB2.

Auch der Empfang musste mit zwei Empfängern erfolgen. Dazu wurden die Empfänger in einigem Abstand im selben Raum aufgestellt. Das linke Radio empfing SFB1 und das rechte Radio SFB2. Bei der Verwendung verschiedener Empfangsgeräte empfahl sich eine Anpassung des Klanges durch die Tiefen- und Höhenregler.

Allerdings besaßen die wenigsten Menschen damals zwei Rundfunkempfänger. Doch auch dafür fand sich eine einfache Lösung: Am zweiten Weihnachtsfeiertag ist das gegenseitige Besuchen eine gute Tradition. Die SFB-Radiohörer wurden nun aufgerufen, Freunde und Verwandte zur Sendezeit zu besuchen, einen Rundfunkempfänger dorthin mitzunehmen und so den gemeinsamen stereophonen Erstgenuss zu ermöglichen.

Das Ergebnis muss beeindruckend gewesen sein. Zum ersten Mal entstand in Wohnzimmern ein räumlicher Klang, wie er bisher nur im Konzertsaal erlebbar gewesen war. Auch wenn sich das angewendete Verfahren nicht für den Dauerbetrieb eignete – der Grundstein für die Stereophonie im Rundfunk war gelegt.

Und 1963 war es wieder der SFB, der den Sprung in die kommerzielle Anwendung der Stereophonie schaffte. Aus Anlass der Funkausstellung 1963 begann der SFB mit dem UKW-Stereobetrieb. Unter Anwendung des heute noch gültigen Pilottonverfahrens konnte nun mit einem Stereosender und einem Stereoempfänger Hörfunk mit zwei Kanälen übertragen werden.

Die Einführung des stereophonen Rundfunks war nicht unumstritten. Umfangreiche Audioarchive in Mono wurden mit einem Mal wertlos, Opernhäuser und Konzertveranstalter fürchteten einen Besucherschwund. Rundfunkhäuser mussten erheblich in Technik investieren, Monoempfänger wurden schlecht verkäuflich. Fünf Jahrzehnte später ist die Faszination des guten räumlichen Klanges unbestritten.

Große, Deutsche, Internationale Funkausstellung

Es begann mit einer Ausstellung von Radios. Es wurde die bedeutendste Elektronikfachmesse der Welt.

Am 4. Dezember 1924 wurde die Große Deutsche Funkausstellung in Berlin eröffnet. Im neu erbauten Haus der Funkindustrie präsentierten 280 Aussteller die neueste Technik der Hörfunkempfänger. Um einen guten Empfang zu gewährleisten, war die Ausstellungshalle ganz aus Holz errichtet. An zehn Messetagen besuchten 170.000 Interessierte die erste Leistungsschau dieser Art in Deutschland.

In den kommenden Jahren fand die Funkausstellung alljährlich statt. Die erste Live-Radio-Berichterstattung 1926, die ersten Fernsehsignale 1928, der Dynamische Lautsprecher 1931 und das erste Autoradio 1932 verdeutlichten die schnelle Entwicklung der frühen Rundfunkjahre.

1930 eröffnete Albert Einstein die 7. Große Deutsche Funkausstellung. In seiner live übertragenen Rede erinnerte der Nobelpreisträger an die Pioniere der Funktechnik und wies auf den demokratischen Charakter des Rundfunks hin. Die Tonaufzeichnung seiner Rede ist in Teilen bis heute erhalten.

Im Jahr 1935 brannte das Haus der Elektroindustrie vollständig nieder. Die 12. Große Deutsche Funkausstellung fand trotzdem statt und präsentierte zahlreiche neue Radios, die ersten Magnettongeräte und Fernseher mit 180 Zeilen Bildschirmauflösung.

In den Jahren 1940 bis 1949 pausierte der Messebetrieb. Erst 1950 wurde in Düsseldorf die 17. Deutsche Funkausstellung eröffnet. In den kommenden Jahren fand die Funkausstellung alle zwei Jahre abwechselnd in Düsseldorf, Frankfurt am Main, Berlin und Stuttgart statt, ehe sie 1971 als Internationale Funkausstellung wieder dauerhaft auf das Berliner Messegelände zurückkehrte.

Mit dieser internationalen Ausrichtung begann eine neue Ära der Elektronikmesse, die sich zunehmend zur Leistungsschau des sich globalisierenden Konsumgütermarktes entwickelte. Anfangs noch zögerlich, stiegen die Ausstellerzahlen in den 1990er Jahren kräftig an. In dieser Zeit kam die Funkausstellung einer Materialschlacht gleich. Die Aussteller buhlten mit skurrilen Gewinnspielen, kleinen und großen Geschenken und Unmengen von Werbung um die Aufmerksamkeit der Messebesucher.

Gleichzeitig war die Funkausstellung immer auch eine Ordermesse für den Handel. Dieser erhielt einen neuen Schub, als 2008 erstmalig auch Haushalts- und Küchengeräte ausgestellt wurden. Die »Weiße Ware« war bei den IFA-Experten anfangs umstritten, stellte sich in den kommenden Jahren aber als Anziehungspunkt heraus. Und mit dem 2006 eingeführten jährlichen Ausstellungsrhythmus förderte die IFA als weltweit führende Messe sowohl den Innovationsdruck auf die Hersteller als auch die Zusammenarbeit zwischen den verschieden Branchen.

So manche auf der IFA präsentierte Technikneuheit ist inzwischen Geschichte. Die 1963 vorgestellte Audiokassette, der Videorecorder (1971), die VHS-Kassette (1977), der Taschenfernseher (1985), das Tamagotchi (1990) oder die 1991 vorgestellte MiniDisc sind heute weitgehend unbekannt. Der Rundfunkempfänger ist auf der IFA ein Thema von vielen. Und aus den Materialschlachten sind auf die Produkte fokussierte, mitunter witzig innovative Präsentationen geworden. Vier Jahre nach dem Rundfunk aus Königs Wusterhausen wird auch die Funkausstellung 100 Jahre alt.

Nachwort

Ohne Hannah gäbe es dieses Buch wohl nicht.

Zum Brandenburgtag im Jahr 2008 sendete das Museumsradio »welle370« das erste Mal vom Funkerberg. Die Übertragung erfolgte amplitudenmoduliert auf der Mittelwelle 810 kHz mit einem Sender im blauen Sendewagen und dem provisorischen Studio im Senderhaus 1. Es schlossen sich in den Jahren 2010 bis 2014 Übertragungen zu den »Kulturtagen KW« und dem »Bergfunk Openair« an. Der Wunsch nach einer regelmäßigen Sendung war geweckt – und daraus entwickelte sich der monatlich ausgestrahlte »Radiotag« vom Funkerberg.

Natürlich braucht ein Radioprogramm von der Wiege des Rundfunks auch Inhalt mit historischem Bezug. So entstand die Rubrik »Eine Prise Funkgeschichte« mit kleinen, historischen Rundfunkgeschichten. Weil diese für das Radio nicht nur geschrieben, sondern auch gesprochen werden müssen, kam Hannah in Spiel. Mit neun Jahren übte sie Begriffe wie Amplitudenmodulation, Reichsrundfunkgesellschaft, Mittelwellenantenne und Digitalradio. Begriffe, die in der Sprachwelt der Jugend im 21. Jahrhundert eher selten vorkommen. Um die Texte lesbar zu gestalten, wurden verständliche Formulierungen genutzt und technische Erklärungen stark vereinfacht. Das Einsprechen der »Prise Funkgeschichte« entwickelte sich zum Abgleich der Lesbarkeit und zum gemeinsamen Erlebnis.

Hannah wurde älter und spracherfahrener. Die Texte wurden länger, der einfache, erklärende Stil aber blieb. Als auf dem Funkerberg die Idee des Jubiläumsjahres »100 Jahre Rundfunk« entstand, war klar: Das gesprochene Wort sollte zum Buch werden.

Im Jahr 2023 wird der Rundfunk wieder 100 Jahre alt. Neue Geschichten sind entstanden, ein neues Buch wird Realität. Und auch die Darbietung der Texte erhält eine neue Form. In »Radio.DieShow« präsentieren Vater und Tochter die Radiogeschichten in Form einer Sendung – live gelesen, unterhaltsam erklärt und mit Mitmachpotenzial für die Zuschauer.

Bis dahin gilt: Wir hören uns.

Danksagung

Die tollen Dinge im Leben schafft man nicht alleine. Schon sehr früh hat sie angefangen, die Prise zu sprechen. Quadraturamplitudenmodulation – für Hannah bald keine Herausforderung mehr. Beim Schreiben habe ich immer deine Stimme im Kopf.

Funkerberg, Funkerberg, Funkerberg. Für die Familie bleibt manchmal oft zu wenig Zeit. Danke, Consuela. Kristin. Isabelle. Als ich das erste Mal von der Illustration für das Buch sprach, war sie eher skeptisch. Nun sind die Zeichnungen von Mudder ein echter Hingucker. Und danke, Vadder, für die Unterstützung.

Ist das wirklich richtig, logisch, verständlich? Ralf, Lutz, Matthias, André, Jürgen, Dieter, Waldemar, Arne und Jörg haben mir wertvolle Hinweise dazu gegeben. Manchmal haben sie nichts davon bemerkt. Nikolaus hat für alles eine gute Erklärung und Roland kennt alle Rundfunktermine.

Drei unterschiedliche Zeitformen in einem Absatz, wechselnde Schriftformen für Abkürzungen und Eigennamen, Christine hat sie alle gefunden. Und Frau Dr. Hübener ist der Text eine Empfehlung wert.

Beim Radio entstehen die Bilder im Kopf. Schöne Visualisierungen schafft Andreas, immer wieder. Und überhaupt, das Radio. Ohne Radio gäbe es keine Geschichten und ohne Jerome kein Rundfunkstadtmagazin mit Monique und Susanne. Dieter wollte immer Inhalt und Detlef kennt den einen

Hörer. Petra, Uwe, Thomas, Michael und Karsten hören immer zu. Radio ist das großartigste Medium, nicht wahr, Jörg? Marco und Nadine fotografieren das auch genauso.

Und weil es das alles ohne den Förderverein »Sender KW« e.V. und das Museum Funkerberg nicht gäbe, geht ein Dank an alle Vereinsmitglieder und an die Rundfunkstadt Königs Wusterhausen.

Danke an Ina, Tom, Daniel, Martin, Tante Ilse, Karin, Teresa, Gabriel, Iva, Luna, Marlen, Carola, Karl, Eberhard, Olya, Maxim, Leo, Tanya, Vika, Sören, #100JahreRundfunk, Leona, René, Robert, Katharina, Mila, Katja, Felix, Bianca, Christopher, Konstantin, Simone, Rayko, Fritzi, Wilm, Marie, Heike, Piefke, DeeEmZee, Thomas, Karolina, Leonard, Maren, Daniel, Hermann, #Stubenrausch, Michaela, Greta, Andreas, Manfred, Renate, Britta, Isa, Stefan, Diana, Brian, Leni, Hedi, #Bergfunk.

Peter hat immer gesagt: »Es zählt das gedruckte Wort.«

Rainer Suckow

Personenregister

Der Autor

Rainer Suckow, geboren 1967 in Ueckermünde, lernte ab 1984 in der Funkschule auf dem Funkerberg in Königs Wusterhausen die faszinierende Welt der Sendetechnik kennen. 1992 wechselte er in die Bundespost, heute Telekom AG, und ist seitdem in der Berufsausbildung tätig. Seit 2006 ist er Vorsitzender des Fördervereins Sender Königs Wusterhausen e. V., der mit der Stadt Königs Wusterhausen das dortige Sender- und Funktechnikmuseum betreibt.